河北省农民工权益维护手册

河北省总工会法律部◎编

HEBEISHENG NONGMINGONG
QUANYI WEIHU SHOUCE

中国工人出版社

图书在版编目（CIP）数据

河北省农民工权益维护手册／河北省总工会法律部编.—北京：中国工人出版社，2013.12

ISBN 978-7-5008-5695-5

Ⅰ.①河… Ⅱ.①河… Ⅲ.①农民—劳动就业—劳动法—河北省—手册 Ⅳ.①D927.220.25-62

中国版本图书馆CIP数据核字（2013）第293975号

河北省农民工权益维护手册

出 版 人 李庆堂
责任编辑 姚 远 张海元
责任校对 赵贵芬
责任印制 栾征宇
出版发行 中国工人出版社
地 址 北京市东城区鼓楼外大街45号 邮编：100120
网 址 http://www.wp-china.com
电 话 （010）62350006（总编室） （010）62005039（营销出版部）
（010）62382916（职工教育分社）
发行热线 （010）62005996 （010）82075964（传真）
经 销 各地书店
印 刷 三河市东方印刷有限公司
开 本 787毫米×1092毫米 1/48
印 张 4.25
字 数 100千字
版 次 2014年1月第1版 2014年2月第2次印刷
定 价 10.00元

本书如有破损、缺页、装订错误，请与本社营销出版部联系更换

前言

《河北省农民工权益保障条例》已经省人大审议通过，并于2013年12月1日实施。为做好《条例》学习宣传工作，按照河北省总工会《关于在工会干部和职工中开展法制宣传教育的第六个五年规划（2011-2015年）》安排，我们编写了《河北省农民工权益维护手册》。

本书内容涵盖《河北省农民工权益保障条例》《河北省工会职工法律援助实施办法》《劳动合同法》《社会保险法》等法律法规及相关案例，旨在提高广大职工，特别是农民工“知法、尊法、学法、用法”意识，增强职工合理表达利益诉求、依法维护权益能力，帮助各级工会干部用法治思维和法治方式服务职工、维护职工合法权益。

依法维护职工合法权益是工会组织的基本职责，希望《河北省农民工权益维护手册》的编写出版能为广大职工提供一些切实可行的帮助，能成为各级工会干部维权服务的助手。因编写时间仓促，定有一些不足之处，敬请大家批评指正。

编者

2013年12月

目录

第一章　河北省农民工权益保障条例

第二章　法律援助，保障你的合法权益

第三章 劳动合同，你权益的“保护伞”

第四章　社会保险，让你的权益得到保障

第五章　有了工伤保险，工伤不再“麻烦”

第一章

河北省农民工权益保障条例

- 农民工是指哪些人？
- 农民工可以参加工会吗？
- 用人单位应为农民工提供哪些就业服务？

基础知识

知识01：农民工是指哪些人？

农民工是指户籍在农村、有工资性收入的劳动者。农民工是我国特有的城乡二元体制的产物，是我国在特殊历史时期出现的一个特殊的社会群体。农民工有广义和狭义之分：广义的农民工包括两部分人，一是在本地乡镇企业就业的离土不离乡的农村劳动力，二是外出进入城镇从事二、三产业的离土又离乡的农村劳动力；狭义的农民工主要是指后一部分人。

知识02：农民工可以参加工会吗？

农民工有权依法参加工会。用人单位工会应当依法吸收农民工入会，任何组织和个人不得限制或者变相限制农民工自愿加入工会。

知识03：有关部门应为农民工提供哪些就业服务？

政府相关部门应该为农民工提供就业服务，支持农民工就业，从而让农民工更好地融入城市生活，具体提供的就业服务内容，如图1-1所示。

◎县级以上人民政府人力资源和社会保障行政部门，应规范就业服务市场，让农民工享有平等的就业权利。

◎县级以上人民政府应安排专门用于农村富余劳动力就业培训的资金，用于就业技能培训、引导性培训和职业技能鉴定考核。

◎县级以上人民政府设立的公共就业服务机构，应当免费向农村富余劳动力提供法律法规政策咨询、就业指导、职业介绍和职业技能培训服务。

◎鼓励教育机构、社会团体、其他培训机构以及个人，开展针对农村富余劳动力的职业技能培训和就业服务。

图1-1　有关部门应为农民工提供的就业服务

知识04：用人单位应为农民工提供哪些就业服务?

用人单位为了让农民工更好地为企业创造更高效益，应重视提高农民工基本素质和工作技能等的培训。因此，用人单位应鼓励和支持农民工参加职业培训和职业技能鉴定。对于取得相关证书的员工，应予以一定的奖励，从而激发员工学习的积极性。

知识05：哪些部门负责查处在就业方面损害农民工合法权益的行为？

县级以上人民政府人力资源和社会保障等有关行政部门应该加大监管力度，依法查处以职业介绍或者以招工为名损害农民工合法权益的行为，以此为农民工创造一个良好的就业环境。

知识06：什么是集体合同？农民工代表应否参与签订集体合同？

集体合同也称为劳动协约、团体协约、集体协约或联合工作合同，实际上是一种特殊的劳动合同。集体合同是指工会或者职工推举的职工代表，代表职工与用人单位依照法律法规的规定，就劳动报酬、工作条件、工作时间、休息休假、劳动安全卫生、社会保险福利等事项，在平等协商的基础上进行协商谈判所缔结的书面协议。如果农民工一方在与用人单位进行平等协商，订立集体合同以及工资、劳动安全卫生、女职工权益保护等专项集体合同时，应有农民工代表参加。

知识07：用人单位招用农民工不得收取哪些费用或扣押哪些证件？

用人单位招用农民工时，不得收取或者变相收取抵押金、保证金以及其他不合理费用，不得扣押居民身份证、居住证、驾驶证、资格证、毕业证等证件。

知识08：农民工工作时间有哪些规定？

用人单位实行综合计算工时工作制的，农民工平均日工作时间，或者平均周工作时间应当符合国家法定标准，即劳动者每日工作不超过8小时、平均每周工作时间不超过44小时，且用人单位应当保证劳动者每周至少休息1日。

用人单位实行不定时工作制的，应当采用集中工作、集中休息、轮休调休、弹性工作时间等工作和休息方式。

知识09：劳动合同中不得有哪些内容？

劳动合同中不得有限制农民工结婚、生育方面的内容。如果用人单位强行在劳动合同中加入此类条款，农民工可以拒签劳动合同，也可向当地劳动行政部门举报。

知识10：用人单位不得因哪些原因解除劳动合同？

用人单位不得以农民工结婚、怀孕、产假、哺乳等情况，与其解除劳动合同。

知识11：劳务派遣单位应如何保障农民工的合法权益？

劳务派遣是指用人单位以经营方式，将招用的劳动者派遣至其他用人单位使用，由后者直接对劳动者的劳动过程进行管理的一种用工形式。作为劳务派遣单位，应当督促用工单位执行国家劳动标准，改善劳动安全卫生条件，保障被派遣农民工的合法权益。

知识12：哪些部门应对用人单位执行劳动合同的情况进行监督管理？

人力资源和社会保障、安全生产监督管理等有关行政部门，应在各自职责范围内，对用工单位执行劳动合同的情况、安全生产及职业卫生情况等，进行监督管理。

知识13：农民工与其他职工享有的权利一样吗?

有些用人单位以农民工是临时工等为由，在工作时间、工资待遇等方面与其他职工有所差异。其实，农民工应享有与其他职工一样的权利，农民工与用人单位其他职工实行同工同酬，其工资的确定和调整应与其他职工享有同等待遇。

知识14：对于农民工的工资有何规定?

用人单位应当以货币形式每月按时、足额向农民工支付工资。如果农民工违规操作给用人单位造成经济损失，用人单位要求农民工赔偿的，应当按照劳动合同的约定处理。不过，按照约定扣除工资赔偿经济损失的扣除额，不得超过农民工月工资额的20%，且扣除后的剩余工资不得低于当地最低工资标准。

知识15：用人单位应如何向农民工支付工资？

用人单位在支付工资时，应当向农民工提供个人工资清单，书面记录支付劳动者工资的数额、项目、时间和领取工资者的签字，并至少保存两年备查。

知识16：哪个部门应当建立农民工工资清欠应急周转金制度？

为了防止用人单位拖欠农民工工资，设区的市和县级人民政府应当建立农民工工资清欠应急周转金制度，用于先行垫付被拖欠的农民工工资。

知识17：有关部门应如何监管农民工工资支付情况？

对于农民工工资支付情况，政府相关部门应该对其加强监管，如：

（1）县级以上人民政府人力资源和社会保障行政部门应当建立健全工资支付监控制度，加强对建筑、矿

山、装备制造、餐饮服务等行业农民工工资支付情况的监控。

（2）县级以上人民政府住房和城乡建设行政部门应当建立建设领域工资保证金制度，督促建设单位和建筑施工企业按规定预存工资保证金，用于清偿因拖欠工程款而拖欠的农民工工资。

（3）如果建设单位和建筑施工企业未按规定交纳农民工工资保证金的，不予办理施工许可证。

（4）建筑施工企业拖欠农民工工资的，建设单位不得组织工程竣工验收，县级以上人民政府住房和城乡建设行政部门不予竣工验收备案。

（5）交通、铁路、水利等行政部门应当督促用人单位按规定预存工资保证金，实行专户管理，用于支付被拖欠的农民工工资。

（6）政府投资的工程由项目管理单位开设专用账户，从工程人工费中按规定扣存工资保证金，保障农民工工资支付。

知识18：建筑工程实行总承包的，由谁负责支付农民工工资？

建筑工程实行总承包的，工程总承包企业负责所承包工程农民工工资支付，不得以工程款未到位为由拖欠农民工工资。

知识19：由谁负责先行垫付拖欠的农民工工资?

因建设单位或者工程总承包企业未按照合同约定支付工程款，致使建设工程承包企业拖欠农民工工资的，由建设单位或者工程总承包企业先行垫付拖欠的农民工工资。

知识20：用人单位应为农民工缴纳哪些保险？

用人单位应当依法为农民工参加职工基本养老保险、职工基本医疗保险、工伤保险、失业保险、生育保险办理登记手续，并按时足额缴纳社会保险费。

知识21：用人单位对农民工因工作原因受到事故伤害或患职业病，应做好哪些工作？

用人单位对农民工因工作原因受到事故伤害或者患职业病的，应当采取措施，使其得到及时救治，属于工伤事故的，应当向有关行政部门申请工伤认定。

知识22：农民工发生工伤，用人单位没为其办理工伤保险，该由谁支付相关费用？

如果用人单位没有为农民工办理工伤保险，农民工发生工伤，那么由用人单位依照法律规定的工伤保险待遇支付相关费用。

知识23：用人单位与农民工的哪些约定无效?

用人单位与农民工约定减轻或者免除其对农民工因工伤亡或者患职业病应当承担的法定责任，这是违反法律规定的，该约定无效。

知识24：哪些行业的用人单位可以为农民工办理意外伤害保险?

由于建筑、矿山、危险化学品、易燃易爆、有毒有害物品等生产现场作业更容易意外伤害，因此，该类用人单位最好为农民工办理意外伤害保险，支付保险费用，使企业在意外事故发生时，免受更多损失。

知识25：有关部门应如何做好农民工的劳动安全卫生工作?

对于农民工的劳动安全卫生，县级以上人民政府有关行政部门，应当依法对用人单位安全生产工作实施监督管理。各级人民政府以及有关行政部门、工会组织则应采取多种形式，宣传普及安全生产法律法规和相关知识，提高农民工的安全生产和防范意识。

知识26：用人单位应如何保障劳动安全卫生?

用人单位应采取四点措施保障劳动安全卫生：

（1）用人单位应当加强安全生产管理，健全安全生产、劳动安全卫生操作规程和工作规范，加强日常检查监督。

（2）用人单位应当以书面形式向农民工如实告知作业场所和工作岗位存在的危险因素、防范以及应急措施。

（3）用人单位应当为农民工提供符合国家标准或者行业标准的职业安全卫生条件和必要的劳动防护设施、用品。

（4）用人单位应当对农民工进行安全生产教育和培训，保证农民工具备必要的安全生产知识。

知识27：对于从事特种作业工种的农民工有何要求？

从事特种作业工种的农民工应当依照国家有关规定，经专门的安全作业培训，并取得特种作业操作资格证书，才可上岗作业。

特种作业是指容易发生人员伤亡事故，对操作者本人、他人的生命健康及周围设施的安全可能造成重大危害的作业，主要包括：电工作业；焊接与热切割作业；高处作业；制冷与空调作业；煤矿安全作业；金属非金属矿山安全作业；石油天然气安全作业；冶金（有色）生产安全作业；危险化学品安全作业；烟花爆竹安全作业等。

知识28：用人单位对于从事接触职业病危害作业的农民工，应履行哪些职责？

用人单位对于从事接触职业病危害作业的农民工，应履行以下职责：

（1）用人单位应当组织上岗前、在岗期间和离岗时的职业健康检查，将检查结果如实告知农民工，并建立健康监护档案，依照规定期限妥善保管。

（2）农民工离岗时，有权索取本人职业健康监护档案复印材料，用人单位应当如实无偿提供加盖单位印章的复印件。

（3）未进行离岗职业健康检查的，用人单位不得解除劳动合同。职业健康检查费用由用人单位承担。

（4）用人单位对疑似职业病的农民工，应当及时安排诊断。在诊断或者医学观察期间，不得解除与农民工订立的劳动合同。

知识29：农民工在劳动安全生产方面，应尽哪些义务？

农民工应当严格执行劳动安全生产规程，接受安全生产教育和培训，掌握本职工作所需的安全生产知识，提高安全生产技能，增强事故预防和应急处理能力。农民工有权对用人单位安全生产工作中存在的问题提出批

评、检举、控告；有权拒绝违章指挥、强令冒险作业。

知识30：公安机关应为农民工提供哪些服务？

公安机关应当为农民工及与其共同居住生活的配偶、未婚子女、父母办理居住登记、居住变更登记提供服务。

知识31：农民工可以申请办理居住地常住户口吗？

持有居住证的农民工以及与其共同居住生活的配偶、未婚子女、父母，符合规定条件的，可以申请办理居住地常住户口。

知识32：对用人单位为农民工提供的居住场所有何要求？

用人单位为农民工提供的居住场所应当符合基本的卫生和安全条件。任何组织和个人不得将危房、违法建筑、超过许可期限的临时建筑提供或者出租给农民工居住。

知识33：农民工可否享受城镇住房保障待遇？

县级以上人民政府应将符合条件的农民工纳入城镇住房保障体系。

知识34：农民工家庭可否纳入最低生活保障范围？

县级以上人民政府民政部门应当依照国家有关规定，将符合低保条件的困难农民工家庭，纳入最低生活保障范围。

知识35：有关部门应为农民工子女就学提供哪些服务?

县级以上人民政府和教育机构应为农民工子女就学提供以下服务：

（1）县级以上人民政府应当保障农民工子女享受平等的义务教育权利，将农民工子女义务教育纳入当地教育规划，按照实际在校人数拨付学校公用经费，所需经费列入本级财政预算。

（2）教育机构对辖区范围内接受义务教育的农民工子女就学，不得收取借读费、赞助费，不得违反规定收取其他费用。

知识36：有关部门应为农民工做好哪些计划生育工作？

县级以上人民政府人口和计划生育行政部门，应当做好农民工计划生育工作，向育龄农民工免费提供符合规定的计划生育、生殖保健等服务项目和药具。

知识37：有关部门应为农民工做好哪些健康教育工作？

县级以上人民政府卫生行政部门，应当加强对农民工的健康教育宣传，做好农民工疾病预防控制工作和适龄子女的免疫工作。

知识38：有关部门应为农民工做好哪些文化服务工作？

当地人民政府及有关部门应为农民工做好以下文化服务工作：

（1）各级人民政府应当为农民工提供公共文化服务，组织开展多种形式的公益文化活动。

（2）鼓励工会、共青团、妇联等组织以及文化经营单位、文艺工作者为农民工提供免费或者优惠的文化产品和服务。

（3）用人单位应当加强文化活动场所建设，支持农民工开展文明健康的文化娱乐活动。

知识39：农民工享有哪些与其他职工同等的权利？

农民工在参与评定技术职称、晋升职务以及评选劳动模范和先进工作者等方面，与其他职工享有同等权利。

知识40：哪些部门应开展劳动保障监察？

县级以上人民政府人力资源和社会保障行政部门，应当受理农民工的举报和投诉，依法开展劳动保障监察。

知识41：哪些部门应加强监管建设领域市场主体？

县级以上人民政府住房和城乡建设行政部门，应当建立建筑施工企业信用制度，加强对建设领域市场主体的监管。

知识42：有关行政部门侵犯农民工合法权益，应如何处理?

农民工认为有关行政部门的具体行政行为侵犯其合法权益的，可以依法申请行政复议或者向人民法院提起诉讼。

知识43：用人单位侵犯农民工合法权益，相关部门应如何处理？

（1）工会组织对用人单位侵犯农民工合法权益的行为，应当依法提出纠正意见。用人单位应当在接到工会意见15日内书面答复处理结果。对不纠正又不答复的，工会组织可以提请县级以上人民政府人力资源和社会保障等有关行政部门依法处理。

（2）县级以上人民政府人力资源和社会保障等有关行政部门对本级工会组织提请处理的用人单位的违法行为，应当依法处理，并在60日内将处理情况书面告知工会。

知识44：农民工与用人单位发生劳动争议，应如何处理？

农民工与用人单位发生劳动争议，可以采取以下方式处理：

（1）通过协商达成和解协议。

（2）当事人不愿协商、协商不成或者达成和解协议后不履行的，可以向本单位劳动争议调解委员会、所在地劳动争议调解组织或者人民调解组织申请调解。

（3）不愿调解、调解不成或者达成调解协议后不履行的，可以向劳动争议仲裁委员会申请仲裁。

（4）对仲裁裁决不服的，除法律另有规定以外，可以向人民法院提起诉讼。

知识45：用人单位不履行调解协议，农民工应如何应对?

用人单位与农民工双方因支付拖欠劳动报酬、工伤医疗费、经济补偿或者赔偿金事项达成调解协议，用人单位在协议约定期限内不予履行的，农民工可以持调解协议书依法向人民法院申请支付令。

知识46：哪些机构部门应为农民工提供法律援助？

农民工因请求支付劳动报酬或者因工伤赔偿申请法律援助的，各级法律援助机构应当积极提供法律援助。各级工会、妇联等社会团体应当结合自身职责，为农民工提供法律援助服务。

以案说法

案例01：无论任何理由，都要签订劳动合同?

【案例回放】

2010年5月，张某应聘到某建筑公司工作。任职期间，建筑公司以张某与原单位的劳动合同未解除为由，既不与张某签订劳动合同，也不缴纳各项社会保险费。张某曾向建筑公司提交了与原单位终止劳动合同的证明，并多次要求建筑公司签订劳动合同，缴纳各项社会保险，但建筑公司却总是推脱。

2011年6月，张某认为建筑公司侵犯了其合法权益，故诉至某市劳动人事争议仲裁委员会，要求确认劳动关系。2012年2月20日，该市劳动人事争议仲裁委员会裁决确认，张某与建筑公司从2010年5月13日至2011年6月30日存在劳动关系，建筑公司系恶意不与张某签订劳动合同，应支付张某双倍工资、社会保险等费用共计30000多元。

案例点评

根据《河北省农民工权益保障条例》（本书后均简称为《条例》）的规定：用人单位自用工之日起即与农民工建立劳动关系；用人单位应当自招用农民工之日起1个月内，与农民工订立书面劳动合同，明确各自的权利和义务，并按照规定办理劳动用工手续；用人单位自用工之日起满1年不与农民工订立书面劳动合同的，视为用人单位与其已订立无固定期限劳动合同。

该案例中，建筑公司不与张某签订劳动合同，是违反了法律规定的。如果遇到用人单位不签劳动合同，农民工就要采取维权措施，得到应有的赔偿，维护自身的合法权益。

案例02：规定合同期内不许结婚的劳动合同，有效吗？

【案例回放】

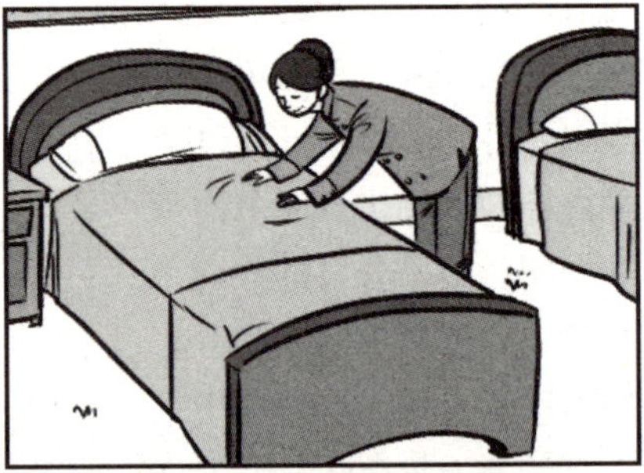

2010年，于某被某市某宾馆招收为服务员，并签订了为期3年的劳动合同。劳动合同约定："凡在宾馆工作的女性服务员，在合同期内不得结婚。否则，宾馆有权解除劳动合同。"同年于某结婚，宾馆以她违反劳动合同为由，单方面解除了与于

某签订的劳动合同。于某不服，向劳动争议仲裁委员会提出申诉。

最后劳动仲裁委审理认为该合同条款，违反法律强制性规定而无效，宾馆解除劳动合同的行为违法，最后裁决宾馆败诉。

案例点评

根据《条例》的规定，用人单位不得因农民工结婚、怀孕、产假、哺乳等情形，解除其劳动合同。该案例中，这些条款不但无效，也无法通过人力资源和社会保障局的备案，更有可能被其追究责任。农民工面对这样的条款可以拒绝签订，即便签订了也是无效的。

第二章

法律援助，保障你的合法权益

- 职工法律援助是指什么？
- 职工法律援助由谁领导？
- 办理援助事项时，应向有关部门提交哪些资料？

基础知识

知识01：职工法律援助是指什么？

职工法律援助，是指我省各级工会设立的职工法律援助机构指派援助人员，为合法权益受到侵害的职工，提供的无偿法律服务。

职工法律援助是政府法律援助的必要补充。各级工会应当与同级司法行政部门建立法律援助联动机制，整合资源，做好职工法律援助工作。

知识02：职工法律援助由谁领导?

（1）职工法律援助工作在同级工会领导下开展，并接受上级工会法律工作部门的业务指导。

（2）县级以上地方总工会法律工作部门指导、协调本地区工会职工法律援助工作。

（3）职工法律援助工作接受司法行政部门的业务指导。

知识03：省总工会对法律援助机构和工作者有何支持?

省总工会应当对工作成效突出的职工法律援助机构和职工法律援助工作者给予奖励，并在法律援助经费上给予支持。

知识04：职工法律援助机构由谁设立?

《河北省工会职工法律援助实施办法》（本书后均简称为《办法》）对职工法律援助机构的设立，作了具体规定，如图2-1所示。

◎省、市、县（市、区）总工会应当分别设立职工法律援助中心，负责在辖区内组织协调与开展职工法律援助工作。职工法律援助中心负责人由本级工会分管法律工作的领导兼任。

◎省、市总工会应当设立职工法律援助团，具体承办辖区内的职工法律援助案件。

◎各级工会职工法律援助中心一般应与职工服务中心合署办公，并在显著位置对外挂牌，内设专门法律援助接待窗口，配备专门法律援助工作人员。

◎乡镇、街道（社区）职工服务站承担辖区内职工法律援助工作。

图2-1　职工法律援助机构设立

知识05：法律援助工作人员可从哪些人员中聘请？

职工法律援助工作人员可以从下列人员中聘请，具体如图2-2所示。

◎法律专家、学者、律师等社会法律工作者。

◎工会公职律师、兼职劳动争议仲裁员、劳动争议调解员、劳动保障法律监督员等工会法律工作者。

◎热心于职工法律援助的法院、司法行政、人力资源和社会保障等部门的内退、退休人员。

图2-2　法律援助聘请人员范围

同时，县级以上总工会职工法律援助机构至少应聘请1～2名执业律师。

知识06：办理援助事项时，应向有关部门提交哪些资料？

职工法律援助人员办理援助事项时，应当向法院、劳动人事仲裁等部门提交由职工法律援助机构出具的公函、文书。

知识07：受指派的职工法律援助人员有报酬吗？

受指派的职工法律援助人员，在实施职工法律援助中心指定的援助事项后，有权按照规定获取相应的报酬。

知识08：职工法律援助人员何种情况下应被取消资格？

职工法律援助人员应当依法开展法律援助工作，维护受援人的合法权益。当职工法律援助人员有如图2-3所示的行为之一的，职工法律援助机构应当取消其资格。

◎索要、收受受援人财物的。

◎收受对方当事人财物，损害受援人权益的。

◎接受指派后，无正当理由拒绝、延迟或者终止（中止）办理指定事项的。

◎因违法被追究刑事、行政责任的。

◎其他损害职工法律援助机构名誉的行为。

图2-3　职工法律援助人员不当行为

知识09：职工法律援助的范围是什么?

职工法律援助的范围，具体如图2-4所示。

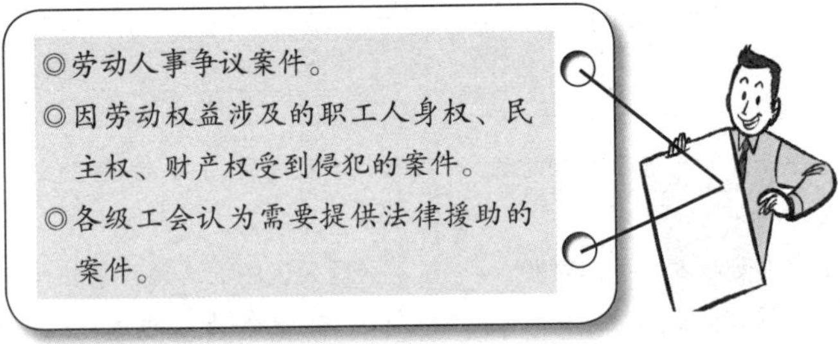

图2-4　职工法律援助的范围

知识10：哪些人可以接受职工法律援助?

职工自身合法权益受到侵害且符合图2-5所示情形之一的，可以申请职工法律援助。

◎列入困难职工档案的职工。

◎因请求支付劳动报酬、工伤或者人身损害赔偿、社会保险待遇，事实清楚，确需工会提供法律援助的农民工。

◎非在档管理的困难职工，但有证据证明合法权益被严重侵害，确需工会提供法律援助的职工。

◎其他确需工会提供法律援助的职工。

图2-5　可以接受职工法律援助的人员类别

知识11：职工法律援助的形式有哪几种?

职工法律援助的形式，具体如图2-6所示。

◎提供法律咨询。
◎代写法律文书。
◎参与协商、调解等非诉讼法律事务。
◎担任劳动人事争议仲裁、诉讼案件代理人。
◎担任执行案件代理人。
◎其他法律援助形式。

图2-6　职工法律援助的形式

知识12：职工该到哪里申请法律援助?

职工如需要申请法律援助，可以向劳动（聘用）合同履行地或者用人单位所在地的职工法律援助中心提出申请。

知识13：申请法律援助应提交哪些资料？

职工申请法律援助，应当填写《河北省工会职工法律援助申请审批表》，同时还应提交有关材料，具体如图2-7所示。

◎身份证、工作证或者有关身份证明。

◎所在单位工会、地方总工会或者居住地居委会、街道办事处出具的申请人经济情况证明。

◎与援助案件相关的材料。

◎职工法律援助机构认为需要提供的其他材料。

图2-7　申请法律援助应提交的资料

知识14：法律援助中心应如何承办职工法律援助？

职工法律援助中心应当自收到申请之日起5个工作日内，按规定的条件进行审查，作出是否援助的决定。

（1）对决定提供法律援助的案件，应当及时指派法律援助人员，并办理相关的手续。

（2）对不符合援助条件的，以口头或者书面形式通知申请人。

知识15：受援人应享有哪些权利？

在法律援助实施过程中，受援人享有的权利为：

（1）了解为其提供法律援助活动的进展情况。

（2）有事实证明法律援助承办人员未履行职责的，可以要求更换承办人员。

知识16：受援人应承担哪些义务？

在法律援助实施过程中，受援人应如实提供案件事实情况和相关材料、证明，配合法律援助承办人员开展工作。

知识17：终止法律援助的情形有哪些？

受援人有图2-8所示行为之一的，职工法律援助中心可以拒绝或终止提供援助。

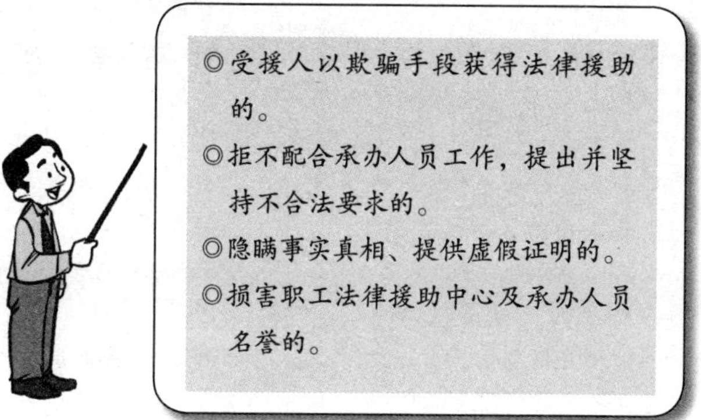

图2-8　受援人的不当行为

知识18：哪些项目可以从职工法律援助经费中列支？

可以从职工法律援助经费中列支的项目，具体如图2-9所示。

◎法律援助承办人员的办案补贴。

◎受援人无力负担的鉴定、公告、执行申请等费用。

◎法律援助承办人员赴外地（含外省、设区市）办案所需的住宿费、必要的交通费、调查取证费等费用。

◎向签约律师事务所值班律师支付的服务费用。

◎法律援助人员的培训费用。

◎重大信访案件调查处理所需的差旅费。

◎对工作成效突出的法律援助组织和人员的奖励费用。

◎职工法律援助机构办公费用。

◎确需承担的其他相关费用。

图2-9　可以从职工法律援助经费中列支的项目

以上第一、第二项费用从省总工会法律援助专项经费中列支，由各地工会先行垫付，每半年报省总工会据实结算。其他各项费用由各地从本级工会法律援助工作经费中列支。职工法律援助专项经费、对困难职工法律援助的补助资金，接受上级和本级工会财务、经审、法律保障部门的监督检查。

知识19：如何向法律援助承办人员支付办案补贴?

按相关规定应向法律援助承办人员支付办案补贴。其支付标准由省总工会参照政府法律援助民事案件办案补贴标准制定，并应根据经济发展情况适时进行调整。

以案说法

案例01：提供虚假证明，法律援助中心可否终止法律援助?

【案例回放】

刘某于2011年4月15日经老乡介绍来到某市一家建筑公司打工，2011年5月9日在工作中不慎摔伤，并引发旧伤复发，双方协商一致后，单位一次性支付了赔偿金50000元，并签订了不再追究的协议。几天后，刘某家人觉得赔偿的金额太少，又到建筑公司要求赔偿，该公司负责人拒绝再次赔偿。

于是，刘某到某市法律援助中心申请法律援助，并扭曲了部分事实，称其只支付了20000元赔偿金。法律援助中心的工作人员在调查过程中，建筑公司出示了签订的协议，经过工作人员的核算，其赔偿金是符合标准的，因此终止了为其提供的法律援助。

案例点评

根据《办法》的规定，受援人有下列行为之一的，职工法律援助中心可以拒绝或终止提供援助：

（1）受援人以欺骗手段获得法律援助的。

（2）拒不配合承办人员工作，提出并坚持不合法要求的。

（3）隐瞒事实真相、提供虚假证明的。

（4）损害职工法律援助中心及承办人员名誉的。

该案例中，刘某是以欺骗手段获得法律援助的，其表现为隐瞒事实真相、提供虚假证明，因此法律援助中心拒绝为其提供法律援助是合法的。

案例02：手指惨遭轧断受工伤，可否申请法律援助？

【案例回放】

陈某于2010年8月1日到某市某超市面点柜台担任面点制作员。2010年10月7日，陈某在工作中受伤，左食指、左中指、左环指轧断。经过工伤认定后，鉴定为七级伤残。由于超市没有为陈某办理社会保险，陈某向公司提出辞职的同时要求赔偿136600元，但该公司只愿意赔偿40000元，双方多次协商未果。无奈之下，陈某向该市区劳动争议仲裁庭提出仲裁申请，在仲裁庭工作人员的指引下，陈某向法律援助服务中心

提出了法律援助申请，经区法援审查后指派法援中心刘律师承办该案。

后经过法援中心的援助，该公司决定赔偿100000元给陈某。陈某与刘律师商量后，表示接受。签订协议后，公司方当即支付了赔偿金。

案例点评

该案例中，陈某利用法援中心，有效地维护了自己的合法权益，获得了应有的赔偿。作为农民工，在遇到这种问题时，千万不可盲目地采取硬碰硬的方式解决，而应通过合法手段争取和获得自己的权益。

案例03：厂家拒绝工伤赔偿，可否申请法律援助？

【案例回放】

林某于2012年3月10日起到某市某铝合金工程有限公司上班，2012年3月31日工作期间受伤，造成左手除拇指外其余四手指受伤。由于林某未与公司签订书面劳动合同，公司也未给林某缴纳工伤保险，该公司否认与林某存在劳动关系，称其公司将加工业务承包给承揽人胡某，与林某发生劳动关系的应是承揽人胡某。承揽人胡某承认与林某之间的劳动关系，对其属于工伤没有异议，但只同意给林某少量赔偿，导致双方对赔偿数额存在较大差距。

于是，林某向某市法律援助中心求助。为让林某尽快得到赔偿，经指派由刘律师跟进此案。刘律师建议双方到相关机构咨询，根据林某受伤情况可评定为几级伤残，通过咨询双方对其达到七级伤残没有异议。根据工伤保险相关法律法规，刘律师加紧做双方工作，最终双方本着互相体谅原则达成一致赔偿意见，林某获一次性伤残、就业补助金等项共83000元。

案例点评

该案例中，林某与该公司的劳务关系比较复杂，中间存在着一个第三方承包者胡某。由于公司也没有为林某缴纳社保，导致无法正常报销工伤保险费用，从而出现多方推卸责任的情况。因此，林某最后选择申请法律援助，由法律援助中心负责协商，最终实现达成一致，三方都满意。

案例04：家庭困难受工伤，可否申请法律援助?

【案例回放】

王某于2010年9月入职某市某纺织厂担任操作员，2012年3月某日在车间因工作受伤，2012年8月经某市劳动和社会保障局认定为工伤，2012年12月经某市劳动能力鉴定委员会鉴定为十级伤残。

工伤鉴定结果后，王某多次要求该厂依法支付系列工伤保险待遇时，该厂拒绝了对王某工伤应承担的赔偿责任。由于受工伤后，王某一直没有上班，也没有得到工厂的赔偿，家庭生活越来越困难。

2012年12月，王某来到法律援助中心寻求法律帮助。经研究决定，法律援助中心决定对王某进行法律援助。最后经过双方调解，该厂同意支付王某系列工伤赔偿合计20000元；王某放弃其他申诉请求。

案例点评

根据《条例》的规定，用人单位未为农民工办理工伤保险的，农民工发生工伤，由用人单位依照法律规定的工伤保险待遇支付费用。该案例中，王某在工作中受伤，然而该纺织厂拒绝支付工伤赔偿，这是违反了该条法律的。

因此，王某采用向法律援助中心求助，可谓是找到了最正确的方法。由于王某本身缺乏对法律的了解，又很难凭借个人的微弱力量来维护自己的合法权益，而法律援助中心专门为人们提供免费的法律援助服务，因此，农民工要学会向法律援助中心求助。

第三章

劳动合同，你权益的“保护伞”

- 什么是劳动合同，其应具备哪些必备条款？
- 什么是固定期限劳动合同？
- 试用期的期限应多长？

基础知识

知识01：什么是劳动合同，其应具备哪些必备条款?

劳动合同又称“劳动契约”或“劳动协议”，是劳动者与用人单位确立劳动关系，明确双方权利和义务的协议。必备条款是指劳动合同必须具备、不可缺少的条款。劳动合同应当具备的条款，具体如图3-1所示。

◎用人单位的名称、住所和法定代表人或者主要负责人。
◎劳动者的姓名、住址和居民身份证或者其他有效身份证件号码。
◎劳动合同期限。
◎工作内容和工作地点。
◎工作时间和休息休假。
◎劳动报酬。
◎社会保险。
◎劳动保护、劳动条件和职业危害防护。
◎法律、法规规定应当纳入劳动合同的其他事项。

图3-1　劳动合同的必备条款

知识02：用人单位与劳动者应在何时签订劳动合同？

当你到某一单位工作时，该用人单位应当与你签订劳动合同，最迟不能超过1个月。如果从你进单位正式工作之日起，单位超过1个月没有与你签订劳动合同的，按《劳动合同法》规定，从你工作的第二个月开始，单位就应当支付给你双倍的工资。如果从你进单位正式工作之日起，单位超过1年没有与你签订劳动合同，那么法律上就视同单位和你签订了无固定期限的劳动合同。

知识03：什么是固定期限劳动合同？

固定期限劳动合同，是指用人单位与劳动者约定合同终止时间的劳动合同，劳动合同中该条款表述为“从____年____月____日起至____年____月____日止；合同期限为____年____个月。”不过，双方在签订固定期限劳动合同时，用人单位与劳动者必须协商一致。

知识04：什么是无固定期限劳动合同？

无固定期限劳动合同，只是劳动合同的期限长短不能确定，但并不是没有终止时间。不过，双方一旦出现了法律规定的情形，无固定期限劳动合同也同样能够解除。

知识05：劳动者被用人单位招用时，可否要求用人单位告知其工作内容等情况?

劳动者被用人单位招用时，应要求用人单位如实告知工作内容、工作条件、工作地点、职业危害、安全生产状况、劳动报酬，以及要求了解的其他情况。当然，作为劳动者，也要告知用人单位与劳动合同直接相关的个人基本情况。

知识06：用人单位在哪些情形下，应与劳动者签订无固定期限劳动合同？

除劳动者提出订立固定期限劳动合同外，用人单位在如图3-2所示的情形下，应与劳动者订立无固定期限劳动合同。

◎你在该单位已连续工作满十年。

◎用人单位初次实行劳动合同制度或者国有企业改制重新订立劳动合同时，你在该用人单位连续工作满10年且距法定退休年龄不足10年的。

◎你与用人单位连续订立两次固定期限劳动合同，没有严重违反用人单位的规章制度的；没有严重失职，营私舞弊，给用人单位造成重大损害而续订劳动合同的。

图3-2 用人单位应订立无固定期限劳动合同的情形

知识07：签订劳动合同时，用人单位可否收取押金或扣押身份证等证件？

劳动者在签订劳动合同时，用人单位不应收取押金和扣押身份证等证件。如果用人单位因为向你提供了工作服等工作中所需要的物品，而向你收取物品押金等，也是违法的。同时，用人单位也不能以提供了简单的上岗培训为名，收取培训费用。如果用人单位向你收取押金，那么你应当索要并保管好收条或收据，并向当地人力资源和社会保障部门反映。

知识08：试用期的期限应多长？

试用期的长短是用人单位与劳动者协商确定的，双方可以约定试用期，也可以不约定试用期。试用期的长短和劳动合同期限有关，具体如图3-3所示，用人单位不能随便规定试用期。如果用人单位约定的试用期超过了法律规定的标准，那么超过部分是没有法律效力的。

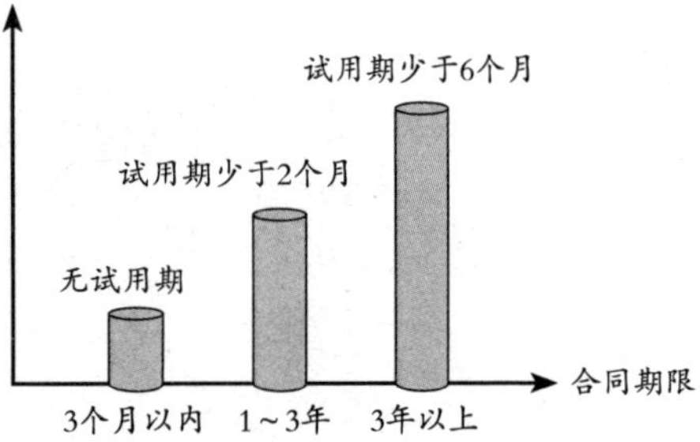

图3-3 试用期的长短与劳动合同期限有关

知识09：试用期工资最低应有多少?

作为劳动者，在与用人单位约定试用期工资时，应了解其相关规定，以免用人单位以试用期为由，工资给的很少。试用期的工资不得低于本单位相同岗位最低档工资或者劳动合同约定工资的80%，同时，也不得低于用人单位所在地的最低工资标准。

知识10：竞业限制适用于哪些人员？

竞业限制是用人单位对负有保守用人单位商业秘密的劳动者，在劳动合同、知识产权权利归属协议或技术保密协议中约定的竞业限制条款。竞业限制的人员限于用人单位的高级管理人员、高级技术人员和其他负有保密义务的人员。其范围、地域、期限由用人单位与劳动者约定，不过不得违反法律、法规的规定。

知识11：哪些劳动合同无效或者部分无效？

作为劳动者，应了解哪些劳动合同无效或者部分无效，主要包括：

（1）以欺诈、胁迫的手段或者乘人之危，使对方在违背真实意思的情况下订立或者变更劳动合同的。

（2）用人单位免除自己的法定责任、排除劳动者权利的。

（3）违反法律、行政法规强制性规定的。

知识12：劳动者如要解除劳动合同，应该提前多长时间告知用人单位?

如果劳动者想要解除劳动合同，一定要提前告知用人单位，否则将会承担一定的法律责任。如果你是在试用期内，要提前3日通知所在单位。如果是正式工作期间，则应提前30日以书面形式通知所在单位。

知识13：何种情形下，劳动者可以要求解除劳动合同？

当用人单位有如图3–4所示的违法情形时，劳动者可以要求其解除劳动合同。

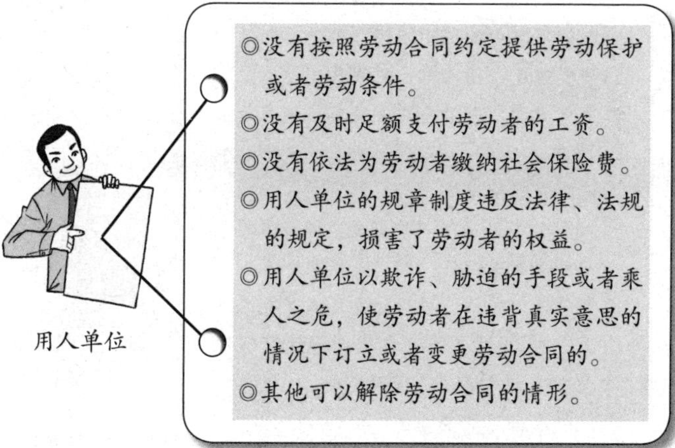

图3–4　用人单位违法情形

知识14：何种情形下，用人单位可以解除劳动合同？

劳动者有如图3-5所示的情形时，用人单位可以解除劳动合同。

◎在试用期内被证明不符合录用条件。
◎严重违反了用人单位的规章制度。
◎严重失职，营私舞弊，给单位造成重大损害。
◎同时在其他单位工作，对完成本单位的工作任务造成了严重影响，或者本单位要求劳动者改正，劳动者拒不改正。
◎劳动者以欺诈、胁迫的手段或者乘人之危，使单位在违背真实意思的情况下与其签订或者变更劳动合同。
◎被依法追究刑事责任。

图3-5　劳动者被解除合同的情形

知识15：劳动者在哪些情形下可以立即解除劳动合同，且无需事先告知用人单位？

如果用人单位以暴力、威胁或者非法限制人身自由的手段，强迫劳动者劳动，或者用人单位违章指挥、强令冒险作业危及个人人身安全的，劳动者可以立即解除劳动合同，不需要事先告知用人单位。

知识16：用人单位在哪些情形下，不能单方面解除劳动合同？

用人单位不得单方面解除劳动合同的情形，具体如图3-6所示。

◎职工工作可能接触到职业病危害的，对职工没有进行离岗前职业健康检查，或者职工属于疑似职业病病人、在诊断或者医学观察期间的。

◎职工在本单位患职业病或者发生工伤，并被确认丧失或者部分丧失劳动能力的。

◎职工患病或者非因工负伤，在规定的医疗期内的。

◎女职工在孕期、产期、哺乳期内的。

◎职工在本单位连续工作满15年，且距法定退休年龄不足5年的。

图3-6　用人单位不得单方面解除劳动合同的情形

知识17：劳动合同在哪些情形下可以终止？

劳动合同可以终止的情形，具体如图3-7所示。

◎双方签订的劳动合同期已满。

◎劳动者开始依法享受基本养老保险待遇的。

◎劳动者死亡，或者被人民法院宣告死亡或者宣告失踪的。

◎用人单位被依法宣告破产的。

◎用人单位被吊销营业执照、责令关闭、撤销或者用人单位决定提前解散的。

◎法律、行政法规规定的其他情形。

图3-7　劳动合同可终止的情形

知识18：什么是非全日制用工？

非全日制用工，简单地说就是小时工，即以小时为标准来计算薪酬。在同一单位一般平均每天的工作时间不能超过4小时，每周工作时间累计不超过24小时。

以案说法

案例01：未签订劳动合同，可获双倍工资赔偿吗？

【案例回放】

2011年10月9日，徐某到某市某鞋厂工作，双方没有签订劳动合同，徐某一直按照灵活就业方式，自己缴纳养老、医疗、生育保险。

2012年7月31日起，徐某因身体不适开始停工休息。2012年10月徐某复工，单位以无法安排岗位为由让其找其他工作，徐某与单位协商未果。2012年11月14日徐某申请劳动仲裁。

最后，经过某市劳动人事争议调解仲裁委员会协调，双方达成协议，由用人单位为其支付经济补偿金、未签订劳动合同的双倍工资差额，以上共计20000元。

案例点评

《劳动合同法》规定，用人单位自用工之日起超过1个月不满1年未与劳动者订立书面劳动合同的，应当向劳动者每月支付两倍的工资。该案例中，鞋厂一直没有与徐某签订劳动合同，因此鞋厂需要向徐某支付两倍工资。

同时，根据《劳动合同法》的规定，用人单位未依法为劳动者缴纳社会保险费的，应当向劳动者支付经济补偿。该案例中，鞋厂没有为徐某缴纳社会保险费，因此也应对其支付经济补偿金。

案例02：企业未经协商，可以随便给农民工更换工种吗?

【案例回放】

2012年4月，李某到某市一箱包加工企业工作，主要负责箱包缝纫。李某与企业签订了劳动合同，每月工资2500元。6月初，企业对李某的工作进行了调整，要其负责刷胶作业。

半个月后，李某从朋友那里得知，箱包使用的胶水含有毒物质苯，长期接触苯对人体健康有很大的危害，严重的还会导

致白血病等。于是李某找到企业负责人，提出调整回原劳动合同所签订的缝纫工作，负责人答复说胶水只是气味难闻，并不影响身体健康，要么服从企业的安排，要么就解除劳动合同。

李某便到该区劳动局反映情况，区劳动局到该企业查看了劳动合同，进一步实地调查了解相关情况。最后企业与李某协商，对其工作重新进行了调整。

案例点评

《劳动合同法》规定，用人单位与劳动者协商一致，才可变更劳动合同中约定的内容。该案例中，企业没有与李某协商变更劳动合同条款，因此李某有权拒绝企业所作的工作调整。同时，根据《劳动合同法》的规定，用人单位违反本法规定，解除或者终止劳动合同，而劳动者要求继续履行劳动合同的，用人单位应当继续履行。因此，该箱包企业不能单方面解除与李某的劳动合同。

案例03：“工伤自理”条款是否有效？

【案例回放】

刘某2012年春节后一直在家乡附近的一家采石场工作。入厂时，双方所签订劳动合同中明确约定:“职工发生事故死亡的，厂方一次性补偿30000元；受伤的一概不管。”见先前的职工都是如此签订合同，刘某只好随大流签了合同。

不料，2013年1月15日，刘某在清理石厂上方土坡时忽然遇到塌方，腰部严重受伤，住院治疗2个月就花费医疗费37000余元，并已丧失部分劳动能力。事后，采石厂老板以双方签订的劳动合同中已经写明“受伤的一概不管”为由，不同意对刘某进行赔偿。

案例点评

《劳动合同法》第二十六条第三款规定“违反法律、行政法规强制性规定”的合同是无效的。该案例中，采石场与刘某签订的劳动合同违反了法律、法规，因此该劳动合同无效，采石厂必须对刘某负责任，进行工伤赔偿。

案例04：试用期规定不合法，劳动者如何维护自身权益？

【案例回放】

2012年3月，林某进入某市一家电子公司工作，岗位为行政人事专员。双方订立的劳动合同期限为2012年3月1日至2013年4月30日，其中试用期为2012年3月1日至2012年5月31日，约定试用期月工资2000元，转正后月工资3000元。

2012年9月，双方劳动合同解除。

林某以公司违反有关试用期的规定为由提起仲裁，要求公司支付违法约定试用期赔偿金3000元。仲裁委支持了林某的请求。

案例点评

《劳动合同法》规定，劳动合同期限1年以上不满3年的，试用期不得超过2个月。该案例中，林某与公司签订的劳动合同期限为14个月，然而，公司规定的试用期为3个月，因此违反了《劳动合同法》的规定。

案例05：试用期工资是否也有最低规定？

【案例回放】

2011年9月，王某到某超市应聘为采购员，双方签订了3年期限的劳动合同，并约定试用期为2个月。试用期间，企业每月发给王某工资940元。两个月后，王某得知企业支付给自己的月工资低于当地最低工资标准1040元。

王某为此找到企业，要求增加工资并补发前两个月的工资差额。企业以王某尚处在试用期，还不是企业的正式职工为由，拒绝了王某的要求。2012年7月，王某就此事向当地劳动争议仲裁委员会申请仲裁，仲裁委员会受理该案后，经调解双方达成协议：企业将王某试用期间的工资待遇调整至1040元，同时补发王某前两个月低于当地最低工资标准的差额200元。

案例点评

根据《劳动合同法》的规定，劳动者在试用期的工资不得低于本单位相同岗位最低档工资或者劳动合同约定工资的80%，并不得低于用人单位所在地的最低工资标准。

该案例中，该企业支付给王某的试用期工资低于当地的最低工资标准，违反了上述条款。因此，王某的合法权益得到了仲裁委员会的支持，维护了自己的合法权益。

案例06：劳动者必须自己保留一份劳动合同吗?

【案例回放】

2009年5月，李某入职某县一家电子公司，与公司签订了3年期限的劳动合同，成为一名修理工。但是，劳动合同在送到劳动行政主管部门备案完毕后，公司以替职工统一保存为由，没有将劳动合同交给李某。2011年6月，李某工作时受伤，要求公司给予工伤待遇，遇到拒绝，李某又拿不出劳动合同证明双方的劳动关系，一时陷入两难的境地。

案例点评

根据《劳动合同法》的规定，劳动合同文本由用人单位和劳动者各执一份。这家电子公司的做法，就是为了避免劳动者与用人单位发生纠纷时，以劳动合同作为相关的证据。因此，劳动者在签订劳动合同之后，一定要自己保留一份，以免出现李某类似的问题而难以解决。

案例07：非全日制用工，是否存在试用期规定？

【案例回放】

李某应聘到某市某银行当钟点工，负责办公室的保洁，每天早晚各工作2小时，一周20小时。银行要求试用30天，试用期工资按正式录用后的80%支付。李某因有过在银行做保洁的工作经历和经验，遂向银行提出可否不再安排试用期。

得到的回复是，银行工作环境特殊，对保洁要求较高，必须经过试用才行。

李某想，一份工作来之不易，还是忍着吧，可心里又有些疑惑：难道将来自己去任何一个新的工作单位做钟点工都必须经过试用吗？

案例点评

根据《劳动合同法》第七十条规定：“非全日制用工双方当事人不得约定试用期。”该案例中李某属于非全日制用工。李某不但有理由提出不应约定试用期，而且，只要李某到任何一个单位做钟点工，用人单位都不应当与其约定试用期。

第四章

社会保险，让你的权益得到保障

- 基本养老保险的缴存比例是多少？
- 如何领取基本养老保险？
- 如何缴存基本医疗保险？

基础知识

知识01：基本养老保险的缴存比例是多少?

用人单位应当按照国家规定的本单位职工工资总额的比例缴纳基本养老保险费，记入基本养老保险统筹基金。

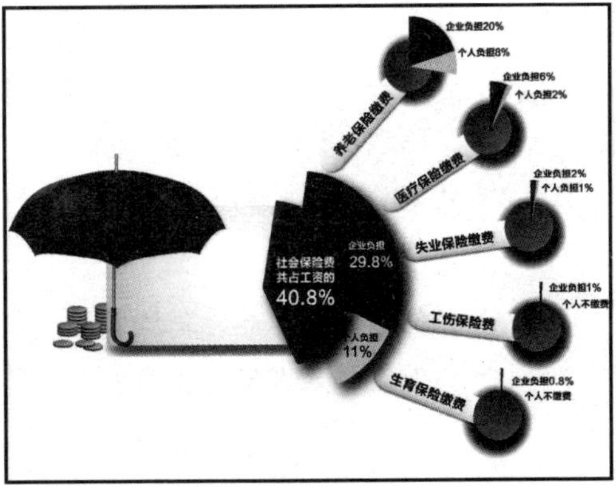

职工应当按照国家规定的本人工资的比例缴纳基本养老保险费，记入个人账户。

知识02：如何领取基本养老保险？

当劳动者达到法定退休年龄时累计缴费满15年的，可以按月领取基本养老金。如果达到法定退休年龄时累计缴费不满15年的，可以缴费至满15年，按月领取基本养老金。当然，也可转入新型农村社会养老保险或者城镇居民社会养老保险，按照相关规定享受相应的养老保险待遇。

知识03：如何缴存基本医疗保险?

基本医疗保险是为补偿劳动者因疾病风险造成的经济损失而建立的一项强制性社会保险制度。职工应当参加职工基本医疗保险，由用人单位和职工按照国家规定共同缴纳基本医疗保险费。

知识04：哪些医疗费用不纳入基本医疗保险基金支付的范围？

不纳入基本医疗保险基金支付范围的医疗费用，具体如图4-1所示。

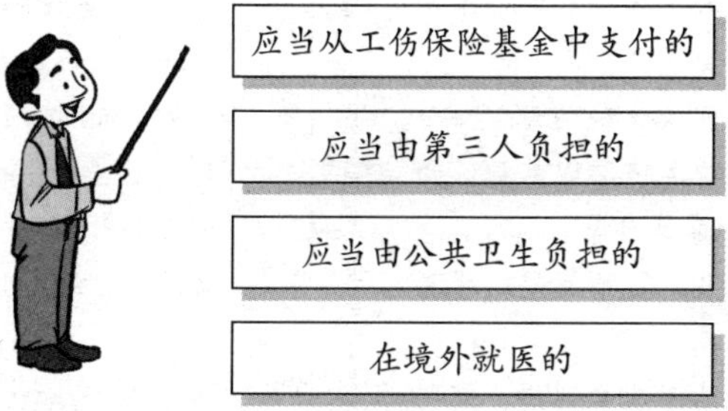

图4-1　不纳入基本医疗保险基金支付范围的医疗费用

医疗费用依法应当由第三人负担，第三人不支付或者无法确定第三人的，由基本医疗保险基金先行支付。基本医疗保险基金先行支付后，有权向第三人追偿。

知识05：哪些工伤费用应从工伤保险基金中支付?

因工伤发生的费用，按照国家规定，应从工伤保险基金中支付。具体如图2-2所示。

◎治疗工伤的医疗费用和康复费用。
◎住院伙食补助费。
◎到统筹地区以外就医的交通食宿费。
◎安装配置伤残辅助器具所需费用。
◎生活不能自理的，经劳动能力鉴定委员会确认的生活护理费。
◎一次性伤残补助金和一至四级伤残职工按月领取的伤残津贴。
◎终止或者解除劳动合同时，应当享受的一次性医疗补助金。
◎因工死亡的，其遗属领取的丧葬补助金、供养亲属抚恤金和因工死亡补助金。
◎劳动能力鉴定费。

图4-2　工伤费用应从工伤保险基金中支付的情形

知识06：哪些工伤费用应由用人单位支付？

劳动者因工伤发生的下列费用，按照国家规定由用人单位支付：

（1）治疗工伤期间的工资福利。

（2）五级、六级伤残职工按月领取的伤残津贴。

（3）终止或者解除劳动合同时，应当享受的一次性伤残就业补助金。

知识07：劳动者在哪些情形下不能享受工伤保险待遇？

劳动者如果丧失享受工伤保险待遇条件的，或者拒不接受劳动能力鉴定的，或者拒绝治疗的，将不能享受工伤保险待遇。

知识08：失业人员要领取失业保险金，有哪些条件？

失业保险金，是指失业保险经办机构依法支付给符合条件的失业人员的基本生活费用，是对失业人员在失业期

间失去工资收入的一种临时补偿，以保障失业人员的基本生活需要。

失业人员符合下列条件的，可以从失业保险基金中领取失业保险金：

（1）失业前用人单位和本人已经缴纳失业保险费满1年的。

（2）非因本人意愿中断就业的。

（3）已经进行失业登记，并有求职要求的。

知识09：劳动者可以领取多久的失业保险金?

失业人员失业前，用人单位和本人累计缴费满1年不足5年的，领取失业保险金的期限最长为12个月；累计缴费满5年不足10年的，领取失业保险金的期限最长为18个月；累计缴费10年以上的，领取失业保险金的期限最长为24个月。具体如图4-3所示。

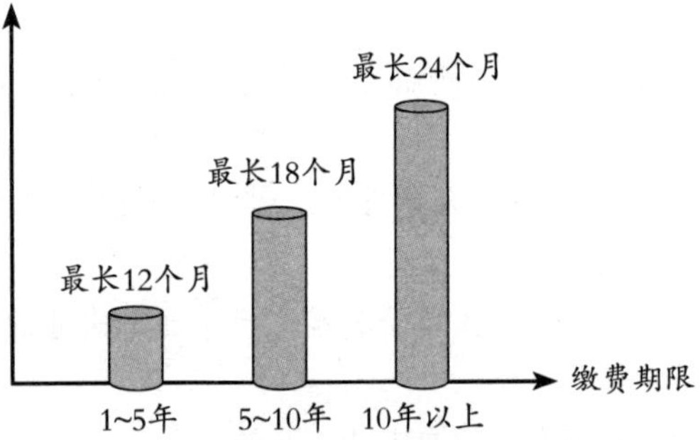

图4-3　劳动者领取失业保险金期限

知识10：失业人员在哪些情形下应停止领取失业保险金，并停止享受其他失业保险待遇？

失业人员在领取失业保险金期间，有如图4-4所示情形之一的，应停止领取失业保险金，并同时停止享受其他失业保险待遇。

◎重新就业的。

◎应征服兵役的。

◎移居境外的。

◎享受基本养老保险待遇的。

◎无正当理由，拒不接受当地人民政府指定部门或者机构介绍的适当工作或者提供的培训的。

图4-4　失业人员应停止领取失业保险金的情形

知识11：劳动者在何时可以享受生育津贴？

生育津贴是国家法律、法规规定，对职业妇女因生育而离开工作岗位期间给予的生活费用。当女职工生育享受产假，或者享受计划生育手术休假以及法律、法规规定的其他情形，可以按照国家规定享受生育津贴。生育津贴的发放标准为职工所在用人单位上年度职工月平均工资。

以案说法

案例01：未缴社会保险费，用人单位须担何责？

【案例回放】

付某于2012年3月1日进入某市某物流公司，任搬运工一职，并签订为期2年的劳动合同（2012年3月1日至2014年2月28日）。2012年5月20日，付某以公司没为他办理社保及身体不舒服为由，向公司提出辞职申请。但公司没有批准，只同意付某先回家看病，病好了再上班。2012年6月4日，付某正式离职，6月21日，付某因头痛到某医院就医，当日住院治疗，至7月2日出院，共花费住院医疗费28159元。

2012年7月，付某向当地劳动争议仲裁委员会申请仲裁：要求公司为其补缴2012年3月至6月社保费并办理社保卡；由于公司未为其办理社保，公司应按规定承担医疗费、住院费等。

最后在仲裁员调解下，双方最终达成调解协议：该物流公司支付付某20000元。

案例点评

《最高人民法院关于审理劳动争议案件适用法律若干问题的解释（三）》规定，劳动者以用人单位未为其办理社会保险手续，且社会保险经办机构不能补办、导致其无法享受社会保险待遇为由，要求用人单位赔偿损失而发生争议的，人民法院应予受理。由于付某在职期间，用人单位未依法为其办理医疗保险，致使其无法享受医疗保险待遇，用人单位应依法承担相应的法律责任。

案例02：失业金、经济补偿金，两者都不可少？

【案例回放】

贺某2009年6月应聘到一家商贸公司从事保安工作。2012年3月，公司因经营效益不佳，需要裁减部分职工。公司将负责为这批被裁减的人员办理失业登记，并告知可享受失业保险待遇。裁减人员名单下发时，贺某发现自己也成了其中一名。在会上，公司只表示将办理失业登记，并没有提到其他的补偿。

贺某认为，用人单位解除劳动关系是要给予职工经济补偿

的。于是，贺某向公司的人力资源部门询问，得到的回答是："公司已经为你缴纳了失业保险费，既然当前可以领取失业金，就相当于已经给你补偿了，没有其他的经济补偿金。""可是我缴纳了失业保险费，合乎领取失业保险金的条件，应当领取失业保险金，但公司的经济补偿和失业保险金是完全不同的两回事，怎么能把两者相抵消呢？"贺某辩护道。不过公司仍拒绝支付经济补偿金。于是，贺某向当地劳动争议仲裁委申请了劳动争议仲裁。

案例点评

根据《劳动合同法》的规定，经济补偿按劳动者在本单位工作的年限，每满1年支付1个月工资的标准向劳动者支付。6个月以上不满1年的，按1年计算；不满6个月的，向劳动者支付半个月工资的经济补偿。因此，该案例中，公司应向贺某支付2个月工资的经济补偿。

案例03：用人单位拖欠社保费，劳动者可否要求其补交？

【案例回放】

2006年4月至2010年12月，张某等6人与某市某货运公司先后4次签订了1年期限的劳动合同。2010年8月，公司开始为6人缴纳社会保险费。不过，没有按照实际工资缴纳。

2012年8月17日，6人以公司未按规定缴纳社会保险费等发生争议为由，向该市劳动争议仲裁委提起仲裁。

最终，该市劳动争议仲裁委支持了6人的仲裁请求，并于2012年12月27日审理终结，作出裁决：该公司为6人补缴2006年4月至2012年7月社会保险费，个人缴纳部分由6人负担，同时支付经济补偿金等60000元。

案例点评

根据《中华人民共和国社会保险法》的规定，用人单位未按时足额缴纳社会保险费的，由社会保险费征收机构责令其限期缴纳或者补足。同时，《劳动合同法》规定，用人单位未依法为劳动者缴纳社会保险费的，劳动者可以解除劳动合同并要求用人单位支付经济补偿。该案例中，该货运公司没有为6人按照实际月工资缴纳社会保险费，视为未依法缴纳社会保险费，因此该案例中的6人可以要求货运公司为其补缴社会保险费并支付经济补偿。

第五章

有了工伤保险，工伤不再“麻烦”

- 哪些情形可以认定为工伤？
- 哪些情形可以视同为工伤？
- 什么是劳动能力鉴定？

基础知识

知识01：哪些情形可以认定为工伤？

职工在用人单位工作期间，因下列原因导致身体受到了伤害，应当认定为工伤。具体如图5-1所示。

◎在工作时间和工作场所内，因工作原因受到事故伤害的。

◎工作时间前后在工作场所内，从事与工作有关的预备性或者收尾性工作受到事故伤害的。

◎在工作时间和工作场所内，因履行工作职责受到暴力等意外伤害的。

◎患职业病的。

◎因工外出期间，由于工作原因受到伤害或者发生事故下落不明的。

◎在上下班途中，受到非本人主要责任的交通事故或者城市轨道交通、客运轮渡、火车事故伤害的。

◎法律、行政法规规定应当认定为工伤的其他情形。

图5-1　应当认定为工伤的情形

知识02：哪些情形可以视同为工伤？

职工在用人单位工作期间，因如下原因导致身体受到伤害或死亡的，可视同为工伤。具体如图5-2所示。

◎在工作时间和工作岗位，突发疾病死亡或者在48小时之内经抢救无效死亡的。

◎在抢险救灾等维护国家利益、公共利益活动中受到伤害的。

◎职工原在军队服役，因战、因公负伤致残，已取得革命伤残军人证，到用人单位后旧伤复发的。

图5-2 视同工伤的情形

知识03：哪些情形不得认定为工伤或者视同工伤？

职工有下列情形之一的，不得认定为工伤或者视同工伤：

（1）故意犯罪的。

（2）醉酒或者吸毒的。

（3）自残或者自杀的。

知识04：提出工伤认定需要提交哪些资料？

劳动者申请工伤认定，需要提供以下三个方面的材料：

（1）与用人单位存在劳动关系（包括事实劳动关系）的证明材料，如劳动合同、工作证、出入证、社会保险缴费证明、工作服、押金条等。

（2）工伤发生经过的证明材料，包括工友的证言、单位调查材料、有关机关的调查材料等。

（3）医疗诊断证明或者职业病诊断证明书（或者职业病诊断鉴定书）。

同时，还要提交劳动保障部门要求的工伤认定申请表，该表应包括事故发生的时间、地点、原因以及职工伤害程度等基本情况。

知识05：什么是劳动能力鉴定？

劳动能力鉴定是指劳动功能障碍程度和生活自理障碍程度的等级鉴定。

劳动功能障碍分为十个伤残等级，最重的为一级，最轻的为十级。生活自理障碍分为三个等级：生活完全不能自理、生活大部分不能自理和生活部分不能自理。劳动能力鉴定标准由国务院社会保险行政部门会同国务院卫生行政部门等部门制定。

知识06：劳动者在什么情况下应进行劳动能力鉴定？

劳动者发生工伤，经过治疗伤情相对稳定后，仍然存在残疾，影响劳动能力的，应当进行劳动能力鉴定。

知识07：何时可以申请劳动能力复查鉴定？

自劳动能力鉴定结论作出之日起1年后，工伤职工或者其近亲属、所在单位或者经办机构认为伤残情况发生变化的，可以申请劳动能力复查鉴定。

知识08：非工伤引发的疾病，可以享受工伤医疗待遇吗？

如果工伤职工治疗非工伤引发的疾病，那么不能享受工伤医疗待遇。其只有按照基本医疗保险办法处理。

知识09：工伤职工安装辅助器具的费用，由谁支付？

工伤职工因日常生活或者就业需要，经劳动能力鉴定委员会确认，可以安装假肢、矫形器、假眼、假牙和配置轮椅等辅助器具，所需费用可按照国家规定的标准，从工伤保险基金支付。

知识10：什么是停工留薪期，期限应有多长？

停工留薪期是指职工因工作遭受事故伤害或者患职业病，需要暂停工作接受工伤医疗的时间。在停工留薪期内，原工资、福利、保险等待遇不变，由所在单位按月支付。停工留薪期一般不超过12个月。伤情严重或者情况特殊，经市级劳动能力鉴定委员会确认，可以适当延长，但延长不得超过12个月。

知识11：劳动者因工致残，一次性伤残补助金的标准是多少？

《工伤保险条例》第三十五条至第三十七条对因工致残的一次性伤残补助金作了规定，具体如表5-1所示。

表5-1　一次性伤残补助金标准

伤残等级	伤残补助金
一级	27个月的本人工资
二级	25个月的本人工资
三级	23个月的本人工资
四级	21个月的本人工资
五级	18个月的本人工资
六级	16个月的本人工资
七级	13个月的本人工资
八级	11个月的本人工资
九级	9个月的本人工资
十级	7个月的本人工资

伤残补助金补充说明：

（1）经工伤职工本人提出，该职工可以与用人单位解除或者终止劳动关系，由工伤保险基金支付一次性工伤医疗补助金，由用人单位支付一次性伤残就业补助金。一次性工伤医疗补助金和一次性伤残就业补助金的具体标准，由省、自治区、直辖市人民政府规定。

（2）七级至十级伤残，劳动、聘用合同期满终止，或者职工本人提出解除劳动、聘用合同的，由工伤保险基金支付一次性工伤医疗补助金，由用人单位支付一次性伤残就业补助金。一次性工伤医疗补助金和一次性伤残就业补助金的具体标准，由省、自治区、直辖市人民政府规定。

知识12：劳动者因工致残，伤残补贴的标准是多少?

《工伤保险条例》第三十五条至第三十六条，对因工致残的伤残补贴标准有明确规定，具体如表5-2所示。

表5-2　伤残补贴标准

伤残等级	伤残津贴
一级	90%
二级	85%
三级	80%
四级	75%
五级	70%
六级	60%

伤残补贴补充说明：

（1）一级至四级伤残津贴实际金额低于当地最低工资标准的，由工伤保险基金补足差额。一级至四级伤残工伤职工达到退休年龄并办理退休手续后，停发伤残津贴，按照国家有关规定享受基本养老保险待遇。基本养老保险待遇低于伤残津贴的，由工伤保险基金补足差额，由用人单位和职工个人以伤残津贴为基数，缴纳基本医疗保险费。

（2）五级、六级伤残，保留与用人单位的劳动关系，由用人单位安排适当工作。难以安排工作的，由用人单位按月发给伤残津贴，并由用人单位按照规定，为其缴纳应缴纳的各项社会保险费。伤残津贴实际金额低于当地最低工资标准的，由用人单位补足差额。

知识13：职工因工死亡，应享受哪些待遇？

职工因工死亡，其近亲属按照下列规定，从工伤保险基金领取丧葬补助金、供养亲属抚恤金和一次性工亡补助金：

（1）丧葬补助金为6个月的统筹地区上年度职工月平均工资。

（2）供养亲属抚恤金按照职工本人工资的一定比

例，发给由因工死亡职工生前提供主要生活来源、无劳动能力的亲属。标准为：配偶每月40%，其他亲属每人每月30%，孤寡老人或者孤儿每人每月在上述标准的基础上增加10%。核定的各供养亲属的抚恤金之和，不应高于因工死亡职工生前的工资。供养亲属的具体范围由国务院社会保险行政部门规定。

（3）一次性工亡补助金标准为上一年度全国城镇居民人均可支配收入的20倍。

伤残职工在停工留薪期内因工伤导致死亡的，其近亲属享受本条第一款规定的待遇。

一级至四级伤残职工在停工留薪期满后死亡的，其近亲属可以享受本条第一款第（一）项、第（二）项规定的待遇。

知识14：因工外出期间发生事故或在抢险救灾中下落不明，该怎么领取抚恤?

职工因工外出期间发生事故或者在抢险救灾中下落不明的，从事故发生当月起 3 个月内照发工资，从第4个月起停发工资，由工伤保险基金向其供养亲属按月支付供养亲属抚恤金。生活有困难的，可以预支一次性工亡补助金的50%。

以案说法

案例01：人身意外伤害保险是否可取代工伤保险?

【案例回放】

肖某于2012年10月进入某市某建筑公司打工。该公司为了预防不测，为工地的建筑工人购买了人身意外伤害保险，但未参加工伤保险。2012年12月，肖某在下班途中遭遇车祸受伤，得到了保险公司的赔偿。后来肖某听说在上下班途中受到非本人主要责任的交通事故伤害，还可以认定工伤，于是向某市社会保险行政部门提出工伤认定申请。

某市社会保险行政部门认定肖某为因工受伤，并鉴定其为伤残十级。肖某要求与公司解除劳动关系，并支付相关工伤保险待遇，遭公司拒绝。肖某遂向某市劳动争议仲裁委员会提出劳动仲裁申请，要求公司支付各项工伤保险待遇。经劳动仲裁委员会调解，该公司支付了肖某一次性伤残补助金、一次性工伤医疗补助金和一次性伤残就业补助金等费用。

案例点评

根据《工伤保险条例》的规定，职工因工致残被鉴定为十级伤残的，应享受7个月本人工资的一次性伤残补助金。因此，该案例中，该建筑公司应支付肖某一次性伤残补助金。

案例02：试工期间发生意外，是否可认定为工伤？

【案例回放】

某汽车修理厂招聘一熟练技术工人，25岁的付某应聘。修理厂要确认付某是否对技术熟练，于是，让其到车床试工。结果在试工的过程中发生事故，造成付某的一个手指断掉，付某是否可以申请认定为工伤。

案例点评

该案例中付某的情况不应该认定为工伤。《工伤保险条例》第十四条对认定工伤的条件作了规定，详见知识01。因

此，要认定为工伤，首先要求该人员为用人单位的职工，即工伤的认定以具有劳动关系为前提。在这个案例中，由于付某仅是试工，还没有与该工厂建立劳动关系，丧失认定为工伤的前提条件，因此，不能认定为工伤。

案例03：职工违章操作受伤，是否可算工伤？

【案例回放】

2012年3月，苏某在某市某木材加工厂裁锯竹片时，机器出现故障。他在检修机器时因严重违章，未切断电源，造成在检修过程中被电击伤。

该市人力资源和社会保障局认定苏某为工伤，苏某要求单位参照工伤保险等相关法规，给予工伤待遇，但该厂则认为苏某属严重违章操作，拒绝给予苏某工伤待遇。双方各执一词，官司从劳动争议仲裁委员会一直打到市中院。最终二审法院判决该厂给予苏某工伤待遇，并支付相关补偿金。

案例点评

根据《工伤保险条例》的规定，只有因故意犯罪、醉酒或者吸毒、自残或者自杀而导致的伤残，才不得认定为工伤或者视同工伤。只要因工作原因受到伤害的，均应认定为工伤。该案例中，苏某虽然存在违章操作的情况，但是其目的是为了企业的利益，而不是为了把自己弄伤，因此虽因违章操作而受伤，也属于工伤范围。如果职工在工作中以故意伤害自身身体方式来求得工伤赔偿，那是不可以的，也是法律明确禁止的。

案例04：劳动者在宿舍起床因病死亡，是否可视为工伤?

【案例回放】

高某为某市一建筑工地看管建筑材料的工人（住在工地上），2011年5月22日早晨起床时，突感身体不舒服，经医院抢救无效死亡，医院诊断为脑溢血。当年12月，高

某的妻子向所在市人力资源和社会保障局申请工伤认定。2012年1月，市人力资源和社会保障局认定高某为工伤，但高某的单位认为高某发病时并不在工作时间和工作岗位上，市人力资源和社会保障局认定工伤没有法律依据，并向该市人力资源和社会保障局提出行政复议。

2012年5月，该市人力资源和社会保障局作出维持工伤认定的决定。2012年8月，高某的单位以市人力资源和社会保障局为被告提起行政诉讼，要求撤销工伤认定，并作出不属于工伤的认定。市法院审理认为，高某的居住场所同时也是办公场所，且位

于施工场地范围内。鉴于建筑行业及高某工作的特殊性，高某的工作时间不应完全按照既定的上下班时间进行，维持了原工伤认定书。

案例点评

根据《工伤保险条例》的规定，在工作时间和工作岗位，突发疾病死亡或者在48小时之内经抢救无效死亡的，视同工伤。高某作为一名建筑工地看管建筑材料的工人，决定了其工作岗位、工作时间的特殊性，所在工地既是其工作岗位亦是其住处，在其当班期间全时段都应视为工作时间。

案例05：残情相同，工伤鉴定等级会有区别吗？

【案例回放】

陈某是某市一建筑公司的工人，现年42周岁，2012年与公司许某先后均因工伤子宫切除，许某现年24周岁，单位发一次性伤残补助金时，陈某发现许某比自己多发5个月的工资。于是到人力资源与社会保障局去咨询，其答复是：一次性伤残补助金是按评定的等级发的，市劳动鉴定委员会评定陈某的伤残为七级，而许某为五级。按照现行工伤保险政策规定，

五级的伤残补助金为18个月工资，七级为13个月工资，所以有5个月工资的差别。听到解释后，陈某仍然不明白，为什么都是子宫切除，残情相同，但等级不同呢？

案例点评

工伤鉴定标准是依据工伤职工医疗期满时的器官缺损、功能障碍、医疗依赖、护理依赖程度和心理障碍因素的影响，对伤残程度进行综合判定分级的。对育龄妇女子宫切除的评残，还要区别未育和已育两种情况，《职工工伤与职业病致残程度鉴定》附录B-表B4《普外、胸外、泌尿生殖科门》规定：已育妇女子宫切除或部分切除可定为伤残等级7级；未育妇女子宫切除或部分切除定为5级。许某是未生育职工，陈某是已生育的职工，两人残情相同，所定等级不同的差距就在这里。

案例06：工作休息时受伤，是否应认定为工伤？

【案例回放】

王某受聘于某市一家物流公司，并与公司签订了劳动协议书，从事物流运输已经3年多了。2012年7月，他在卸完自己运载的货物后，为避让

其他车辆进出仓库，便在车旁短暂休息，不料被该公司一辆装卸货物的叉车撞伤，造成腰椎扭动及左臂骨折，伤势严重。

王某经入院治疗，出院后申请工伤认定，并要求工伤补偿。该公司认为，王某不是在驾驶车辆中受伤，其停留位置不是专门的休息场所，故不属于工伤。王某及家人到公益法律服务中心寻求帮助并咨询相关的法律法规问题，工作间歇意外受伤是否应认定为工伤。

案例点评

《工伤保险条例》第十四条对认定工伤的情形做了规定，详见本章知识01。该案例中，王某与该公司存在劳动关系，在工作期间短暂休息时受伤，应该属于工伤。因为工作期间短暂休息是职工劳动过程中的客观需要，应该属于工作的一部分，且王某当时休息本身也有避让其他车辆的因素。王某在工作时间和工作场所内，因工作原因受到事故伤害，符合工伤认定条件。因此，应认定其为工伤。

附录1：

劳动合同范本

甲方：________________________________

乙方：________________________________

《劳动合同书》说明：

1. 甲方，指用人主体。填写用人单位全称。

2. 乙方，指劳动者。填写劳动者姓名。

3. 委托代理人，指受法定代表人委托（授予委托书）并代理其签约的人。

4. 甲乙双方除签订本合同书外，可以签订其他专项协议书，作为本《劳动合同书》的附件。

甲方：______________　　　　乙方：______________

法定代表人：__________ 姓名：______________

（或）委托代理人：_____ 性别：______________

姓名：______________ 身份证号码：_________

地址：_______________ 本人现住址：_________

所属街道办事处：______ 或户口所在地住址：____

邮政编码：__________ 邮政编码：__________

联系电话：__________ 联系电话：__________

根据国家有关法律、法规、政策规定，甲乙双方经平等自愿、协商一致签订本合同，并共同遵守本合同所列条款。

一、劳动合同期限

第一条　甲乙双方同意按以下第____种方式确定本合同期限：

1. 有固定期限：从_____年_____月_____日起至_____年_____月_____日止；合同期限为____年____个月；

2. 无固定期限：从____年____月____日起到法定的或约定的终止条件出现时止；

3. 以完成一定的工作为期限：从____年____月____日起

至____工作任务完成时止，并以____工作任务完成为终止合同的标志。

试用期____个月，自____年____月____日始，至____年____月____日终止。

二、工作岗位和内容

第二条　根据甲方工作需要，安排乙方担任________岗位工作。

第三条　乙方应按照甲方的要求，按时完成甲方规定的工作数量，达到规定的质量标准。

第四条　工作岗位职责要求，按有关规定执行。

第五条　因生产经营发生变化，甲方有权调整乙方的工作岗位。乙方不适应本岗位工作或对本岗位工作不能胜任时，甲方有权决定对其培训或调整工作岗位。

三、劳动保护和劳动条件

第六条　甲方实行国家规定的工作时间制度。甲方安排乙方执行________（标准时工作制、综合计算工时工作制、不定时工作制）。甲方应按照国家规定保证乙方的休息、休假权利。

第七条 甲方按国家规定为乙方提供必要的劳动条件，制定操作规程、工作规范和劳动安全卫生制度，劳动安全、卫生条件达到国家或地方政府规定的标准。

第八条 甲方应按照国家有关部门的规定组织安排乙方进行健康检查和专项职业健康监护体检。

四、劳动报酬

第九条 工资支付按照国家和我省的有关规定，实行____工资制度（计件工资制、岗位工资制、岗位技能等级工资制）。甲方支付乙方工资报酬____其中工资标准为____元，试用期工资每月____元。甲方每月____日前以货币形式支付乙方上月工资，工资标准不低于当地政府规定的最低工资标准。

第十条 甲方因生产（工作）需要，安排乙方在休息日加班的，应安排乙方同等时间补休或依法支付本人日工资标准的200%加班工资；加点的，甲方应依法按本人小时工资标准150%支付加点工资。法定节日安排加班的，依法支付300%加班工资。

五、保险福利

第十一条 甲乙双方必须依照国家和我省的有关社会保险的

规定，按时足额缴纳社会保险费。双方解除、终止本合同后，甲方必须按照国家及我省规定为乙方办理有关社会保险转移手续。

第十二条　其他的保险福利待遇按照国家和地方及企业的有关规定执行。

六、劳动纪律

第十三条　甲方应当根据维护正常生产（工作）秩序的需要，依法建立和完善规章制度和劳动纪律，内部规章制度和劳动纪律不得违背国家有关法律、法规、规章。乙方应严格遵守和执行。对违反者，甲方有权进行纪律处分和经济处罚。

第十四条　乙方应服从甲方在生产、技术和经营管理方面的指挥和管理，爱护甲方财产，保守甲方的商业秘密。

七、教育、培训、考核和民主管理

第十五条　甲方应对乙方进行政治思想、职业道德、企业管理、安全生产、遵纪守法等方面的教育和培训，乙方应当参与和接受。

第十六条　乙方应当按甲方的要求参加技术业务培训，接受考核，达到标准。

第十七条　甲方应建立企业民主管理制度，为乙方提供参加企业民主管理的条件和机会，乙方享有参与企业民主管理的权利。

第十八条　乙方根据制度和规定以及本人表现，有获得政治荣誉和物质奖励的权利。甲方应依法建立和实行这方面的制度。

八、劳动合同的变更、终止和解除

第十九条　除国家劳动法律、法规规定可以变更的情形出现时，可以变更劳动合同外，遇有下列情形之一的，也可以变更劳动合同：

1. 甲方经批准转产、整顿和调整生产任务以及分立、合并、改制，致使劳动合同无法履行时，经双方协商一致，可以变更劳动合同中的有关条款；

2. 乙方患职业病或因工负伤，并被劳动鉴定委员会确认为部分丧失劳动能力，需要重新安排适当工作的；

3. 乙方患病或非因工负伤，医疗期满后，不能从事原工作，但能够从事用人单位另行安排的工作；

4. 乙方专业技能达不到规定标准和经常完不成生产（工作）任务，不能胜任劳动合同所规定工作，甲方安排乙方改变工作岗位（工种）的；

5. 甲方根据生产（工作）需要，需改变乙方岗位（工种）时，经双方协商一致，可以变更本劳动合同的相关内容。

第二十条　除劳动合同期限届满，可即行终止劳动合同外，遇有下列情形之一的，也可以终止劳动合同：

1. 甲方依法破产或经上级主管部门批准解散、撤销时，本劳动合同终止；

2. 乙方死亡劳动合同自然终止；

3. 乙方经批准退休、退职时，本劳动合同终止；

4. 由于自然因素或者社会因素而发生了双方当事人无法预料或者虽可预料但无法防止的不可抗拒的情况，致使劳动合同无法履行时，劳动合同可以终止。

第二十一条　乙方解除劳动合同，应提前30日以书面形式通知甲方。

第二十二条　乙方调出甲方，自人事、工资关系开出之日起本劳动合同自行解除。

第二十三条　下列情形之一的，乙方可以随时通知甲方解除本劳动合同：

1. 试用期内乙方要求解除劳动合同的；

2. 甲方未按劳动合同约定支付劳动报酬或者提供劳动条件的；

3. 甲方以暴力、威胁或者非法限制人身自由的手段强迫劳动的。

第二十四条　乙方有下列情形之一的，甲方可以解除本劳动合同：

1. 在试用期间被证明不符合录用条件的；

2. 严重违反劳动纪律或者用人单位规章制度的，其中包括被开除、除名或因违纪依法应予辞退的；违反操作规程和安全规程，造成重大经济损失或他人致残、死亡的；不服从甲方的指挥和管理，后果严重的；

3. 乙方被劳动教养的；

4. 严重失职、营私舞弊，对甲方利益造成重大损害的，其中包括：违反本合同规定，泄露甲方商业秘密，并造成重大损失的；

5. 被依法追究刑事责任的。

第二十五条　有下列情形之一的，甲方可以解除本劳动合同，应当提前30日以书面形式通知乙方：

1. 乙方患病或非因工负伤，医疗期满不能从事原工作也不能从事甲方另行安排的工作的；

2. 乙方不能胜任工作，经过培训或者调整工作岗位，仍不能胜任工作的；

3. 劳动合同订立时所依据的客观情况发生重大变化，致使劳动合同无法履行，经甲乙双方协商不能就变更劳动合同达成协议的。

九、违约责任

第二十六条　本劳动合同期限届满即行终止。甲乙双方经协商达成一致时，可以重新签订劳动合同。协商不一致时，终止劳动合同，并办理有关手续。劳动合同期满，甲方未办理终止劳动合同手续形成事实劳动关系的，视为劳动合同的继续。

第二十七条　在劳动合同期内，甲方提出解除本劳动合同时，按国家规定给予乙方经济补偿。

第二十八条　乙方提前解除劳动合同的，凡由甲方出资培训和招录的人员，应向甲方偿付培训费和招录费用。凡出资培训的，甲乙双方应签订《培训协议》，《培训协议》作为本合同的附件。

第二十九条 乙方违反甲方的规定，泄露甲方的商业秘密，乙方须按劳动合同的约定赔偿甲方的经济损失。对于造成经济损失特别重大的，影响特别严重的，乙方应承担法律责任。甲方保留追究第三人的权利。

十、劳动争议处理

第三十条 双方在履行劳动合同中发生争议，按《中华人民共和国企业劳动争议处理条例》和当地政府的规定，申请调解或仲裁。对仲裁裁决不服的，十五日内向人民法院起诉。

十一、其他

第三十一条 本合同中乙方的各项待遇如低于本单位集体合同规定的标准，按集体合同执行。

第三十二条 本劳动合同附件与本合同具有同等法律效力。

第三十三条 本劳动合同未尽事宜，均按法律、法规的有关规定执行。在合同期内，如本合同条款与国家有关劳动管理的新规定相悖，双方均应按新规定执行。

第三十四条　本劳动合同正式文本一式两份，甲乙双方各执一份（涂改或未经授权代签无效）。

十二、双方约定的其他事项

双方约定的其他事项不得违反有关法律、法规。

甲方（盖章）：________　　　乙方（签字）：________

甲方法定代表人或委托代理人（签名）：____________

______年____月____日　　　______年____月____日

鉴证机关（盖章）：____________________

鉴证日期：______年____月

附录2：

河北省农民工权益保障条例

（2013年9月27日河北省第十二届人民代表大会常务委员会第四次会议通过）

第一章 总 则

第一条 为了保障农民工合法权益，构建和谐劳动关系，根据《中华人民共和国劳动法》、《中华人民共和国劳动合同法》等有关法律、行政法规的规定，结合本省实际，制定本条例。

第二条 本条例所称农民工，是指户籍在农村、有工资性收入的劳动者。

第三条 农民工的人身权、财产权、劳动权等各项合法权益受法律保护，人格受社会尊重。

用人单位应当依法建立和完善规章制度，保障农民工合法权益。

农民工应当遵守法律法规，遵守劳动纪律和职业道德，遵守用人单位依法制定的各项规章制度，自觉履行应尽的各项义务。

第四条 农民工的宅基地使用权和土地承包经营权受法律保护。

第五条 依法保障农民工的民主政治权利。

用人单位职工代表大会中，应当有农民工代表，保障农民工参与企业民主管理权利。

第六条 县级以上人民政府应当按照公平对待、强化服务、完善管理、合理引导的原则，将农民工以及与其共同居住生活的配偶、未婚子女和父母的住房保障、义务教育、妇幼保健、计划生育等工作纳入公共服务和管理范围，并将有关经费列入本级财政预算。

第七条 县级以上人民政府应当健全完善农民工工作联席会议制度，定期研究、统筹协调农民工工作。

第八条 农民工有权依法参加工会，用人单位工会应当依法吸收农民工入会，任何组织和个人不得限制或者变相限制农民工自愿加入工会。

第二章　就业服务

第九条　县级以上人民政府应当统筹城乡就业，将农村富余劳动力有序转移就业纳入国民经济和社会发展中长期规划和年度计划。

县级以上人民政府人力资源和社会保障行政部门应当建立健全劳务输出输入工作机制，规范就业服务市场，落实城乡劳动者平等的就业制度。

第十条　县级以上人民政府应当依照国家和本省有关规定，安排专门用于农村富余劳动力就业培训的资金，用于就业技能培训、引导性培训和职业技能鉴定考核。

第十一条　县级以上人民政府设立的公共就业服务机构应当免费向农村富余劳动力提供法律法规政策咨询、就业指导、职业介绍和职业技能培训服务。

鼓励教育机构、社会团体、其他培训机构以及个人开展针对农村富余劳动力的职业技能培训和就业服务。对提供公益性就业服务的，按照有关规定给予补贴。

县级以上人民政府有关行政部门应当建立和完善农村富余劳动力培训质量评估指标体系和绩效评估机制，根据培训质量和就业效果给予补贴。

第十二条 用人单位应当鼓励和支持农民工参加职业培训和职业技能鉴定。

第十三条 县级以上人民政府人力资源和社会保障等有关行政部门应当依法规范职业中介机构、劳务派遣机构和用人单位的招工用工行为，依法查处以职业介绍或者以招工为名损害农民工合法权益的行为。

第三章 劳动合同

第十四条 招用农民工应当具备用工主体资格。建设单位、建筑施工企业等单位将工程(业务)发包或者分包给不具备用工主体资格的组织或者个人，对该组织或者个人招用的农民工，由建设单位、建筑施工企业等单位承担用工主体责任。

第十五条 用人单位自用工之日起即与农民工建立劳动关系。

用人单位应当自招用农民工之日起一个月内，与农民工订立书面劳动合同，明确各自的权利和义务，并按照规定办理劳动用工手续。

用人单位自用工之日起满一年不与农民工订立书面劳动合同的，视为用人单位与其已订立无固定期限劳动合同。

用人单位应当建立包括农民工在内的全部职工名册、考勤记录等基础资料，并至少保存两年备查。

第十六条 农民工享有用人单位集体合同规定的权利，履行规定的义务。

企业职工一方在与用人单位进行平等协商，订立集体合同以及工资、劳动安全卫生、女职工权益保护等专项集体合同时，应当有农民工代表参加。

第十七条 用人单位招用农民工不得收取或者变相收取抵押金、保证金以及其他不合理费用，不得扣押居民身份证、居住证、驾驶证、资格证、毕业证等证件。

第十八条 用人单位实行综合计算工时工作制的，农民工平均日工作时间或者平均周工作时间应当符合国家法定标准。用人单位实行不定时工作制的，应当采用集中工作、集中休息、轮休调休、弹性工作时间等工作和休息方式。

第十九条 用人单位应当依法保障农民工结婚、孕期、产期、哺乳期的权益。

劳动合同中不得有限制农民工结婚、生育方面的内容。

用人单位不得因农民工结婚、怀孕、产假、哺乳等情形，解除其劳动合同。

第二十条 劳务派遣单位应当督促接受以劳务派遣形式用工的单位（以下简称用工单位）执行国家劳动标准，改善劳动安全卫生条件，保障被派遣农民工的合法权益。

第二十一条 县级以上人民政府人力资源和社会保障、安全生产监督管理等有关行政部门，在各自职责范围内，对用人单位执行劳动合同的情况进行监督管理。

第四章 工资与支付

第二十二条 农民工与用人单位其他职工实行同工同酬，其工资的确定和调整与其他职工同等对待。

第二十三条 用人单位应当以货币形式每月按时、足额向农民工支付工资。

因农民工违规操作给用人单位造成经济损失，用人单位要求农民工赔偿的，应当按照劳动合同的约定处理。按照约定扣除工资赔偿经济损失的，扣除额不得超过农民工月工资额的百分之二十，且扣除后的剩余工资不得低于当地最低工资标准。

第二十四条　用人单位在支付工资时，应当向农民工提供个人工资清单，书面记录支付劳动者工资的数额、项目、时间和领取工资者的签字，并至少保存两年备查。

第二十五条　设区的市和县级人民政府应当建立农民工工资清欠应急周转金制度，用于先行垫付被拖欠的农民工工资。

第二十六条　县级以上人民政府人力资源和社会保障行政部门应当建立健全工资支付监控制度，加强对建筑、矿山、装备制造、餐饮服务等行业农民工工资支付情况的监控。

县级以上人民政府住房和城乡建设行政部门应当建立建设领域工资保证金制度，督促建设单位和建筑施工企业按规定预存工资保证金。建设单位预存的工资保证金专项用于清偿因拖欠工程款而拖欠的农民工工资，建筑施工企业预存的工资保证金专项用于其承建项目拖欠的农民工工资。建设单位和建筑施工企业未按规定交纳农民工工资保证金的，不予办理施工许可证。建筑施工企业拖欠农民工工资的，建设单位不得组织工程竣工验收，县级以上人民政府住房和城乡建设行政部门不予竣工验收备案。

交通、铁路、水利等行政部门应当督促用人单位按规定预存工资保证金，实行专户管理，用于支付被拖欠的农民工工资。

政府投资的工程由项目管理单位开设专用账户，从工程人工费中按规定扣存工资保证金，保障农民工工资支付。

第二十七条 建筑工程实行总承包的，工程总承包企业负责所承包工程农民工工资支付，不得以工程款未到位为由拖欠农民工工资。

因建设单位或者工程总承包企业未按照合同约定支付工程款，致使建设工程承包企业拖欠农民工工资的，由建设单位或者工程总承包企业先行垫付拖欠的农民工工资。

第五章 社会保险

第二十八条 用人单位应当依法为农民工参加职工基本养老保险、职工基本医疗保险、工伤保险、失业保险、生育保险办理登记手续，并按时足额缴纳社会保险费。

第二十九条　用人单位对农民工因工作原因受到事故伤害或者患职业病的，应当采取措施，使其得到及时救治，属于工伤事故的，应当向有关行政部门申请工伤认定。

用人单位未为农民工办理工伤保险的，农民工发生工伤，由用人单位依照法律规定的工伤保险待遇支付费用。

第三十条　用人单位不得与农民工约定减轻或者免除其对农民工因工伤亡或者患职业病应当承担的法定责任。约定减轻或者免除责任的，约定无效。

第三十一条　鼓励用人单位为从事建筑、矿山、危险化学品、易燃易爆、有毒有害物品生产现场作业的农民工办理意外伤害保险，支付保险费用。

第六章　劳动安全卫生

第三十二条　县级以上人民政府有关行政部门应当依法对用人单位安全生产工作实施监督管理。

各级人民政府以及有关行政部门、工会组织应当采取多种形式，宣传普及安全生产法律法规和相关知识，提高农民工的安全生产和防范意识。

第三十三条 用人单位应当加强安全生产管理，健全安全生产、劳动安全卫生操作规程和工作规范，加强日常检查监督。

用人单位应当以书面形式向农民工如实告知作业场所和工作岗位存在的危险因素、防范以及应急措施。

用人单位应当为农民工提供符合国家标准或者行业标准的职业安全卫生条件和必要的劳动防护设施、用品。

第三十四条 用人单位应当对农民工进行安全生产教育和培训，保证农民工具备必要的安全生产知识。

从事特种作业工种的农民工应当依照国家有关规定经专门的安全作业培训，取得特种作业操作资格证书，方可上岗作业。

第三十五条 用人单位对从事接触职业病危害作业的农民工，应当组织上岗前、在岗期间和离岗时的职业健康检查，将检查结果如实告知农民工，并建立健康监护档案，依照规定期限妥善保管。农民工离岗时，有权索取本人职业健康监护档案复印材料，用人单位应当如实无偿提供加盖单位印章的复印件。未进行离岗职业健康检查的，用人单位不得解除劳动合同。职业健康检查费用由用人单位承担。

用人单位对疑似职业病的农民工，应当及时安排诊断。在诊断或者医学观察期间，不得解除与农民工订立的劳动合同。

第三十六条　农民工应当严格执行劳动安全生产规程，接受安全生产教育和培训，掌握本职工作所需的安全生产知识，提高安全生产技能，增强事故预防和应急处理能力。

第三十七条　农民工有权对用人单位安全生产工作中存在的问题提出批评、检举、控告；有权拒绝违章指挥、强令冒险作业。

第七章　公共服务

第三十八条　县级以上人民政府应当依法将流动到本地的农民工以及与其共同居住生活的配偶、未婚子女、父母，纳入居住证管理范围。

公安机关应当为农民工以及与其共同居住生活的配偶、未婚子女、父母办理居住登记、居住变更登记提供服务。

持有居住证的农民工以及与其共同居住生活的配偶、未婚子女、父母，符合规定条件的，可以申请办理居住地常住户口。

第三十九条 用人单位为农民工提供的居住场所应当符合基本的卫生和安全条件。

任何组织和个人不得将危房、违法建筑、超过许可期限的临时建筑提供或者出租给农民工居住。

第四十条 县级以上人民政府应当将符合条件的农民工纳入城镇住房保障体系。

第四十一条 县级以上人民政府民政部门应当依照国家有关规定将符合低保条件的困难农民工家庭纳入最低生活保障范围。

第四十二条 县级以上人民政府应当保障农民工子女享受平等的义务教育权利，将农民工子女义务教育纳入当地教育规划，按照实际在校人数拨付学校公用经费，所需经费列入本级财政预算。

教育机构对辖区范围内接受义务教育的农民工子女就学不得收取借读费、赞助费，不得违反规定收取其他费用。

第四十三条 县级以上人民政府人口和计划生育行政部门应当做好农民工计划生育工作，向育龄农民工免费提供符合规定的计划生育、生殖保健等服务项目和药具。

第四十四条　县级以上人民政府卫生行政部门应当加强对农民工的健康教育宣传，做好农民工疾病预防控制工作和适龄子女的免疫工作。

第四十五条　各级人民政府应当为农民工提供公共文化服务，组织开展多种形式的公益文化活动。

鼓励工会、共青团、妇联等组织以及文化经营单位、文艺工作者为农民工提供免费或者优惠的文化产品和服务。

用人单位应当加强文化活动场所建设，支持农民工开展文明健康的文化娱乐活动。

第四十六条　农民工在参与评定技术职称、晋升职务以及评选劳动模范和先进工作者等方面，与其他职工享有同等权利。

第八章　权益救济

第四十七条　县级以上人民政府人力资源和社会保障行政部门应当受理农民工的举报和投诉，依法开展劳动保障监察。

县级以上人民政府住房和城乡建设行政部门应当建立建筑施工企业信用制度，加强对建设领域市场主体的监管。

第四十八条　农民工认为有关行政部门的具体行政行为侵

犯其合法权益的，可以依法申请行政复议或者向人民法院提起诉讼。

第四十九条 工会组织对用人单位侵犯农民工合法权益的行为，应当依法提出纠正意见。用人单位应当在接到工会意见十五日内书面答复处理结果。对不纠正又不答复的，工会组织可以提请县级以上人民政府人力资源和社会保障等有关行政部门依法处理。

县级以上人民政府人力资源和社会保障等有关行政部门对本级工会组织提请处理的用人单位的违法行为，应当依法处理，并在六十日内将处理情况书面告知工会。

第五十条 农民工与用人单位发生劳动争议，可以通过协商达成和解协议。

当事人不愿协商、协商不成或者达成和解协议后不履行的，可以向本单位劳动争议调解委员会、所在地劳动争议调解组织或者人民调解组织申请调解。

不愿调解、调解不成或者达成调解协议后不履行的，可以向劳动争议仲裁委员会申请仲裁。

对仲裁裁决不服的，除法律另有规定以外，可以向人民法院提起诉讼。

第五十一条 因支付拖欠劳动报酬、工伤医疗费、经济补偿或者赔偿金事项达成调解协议，用人单位在协议约定期限内不履行的，农民工可以持调解协议书依法向人民法院申请支付令。

第五十二条 农民工因请求支付劳动报酬或者工伤赔偿申请法律援助的，各级法律援助机构应当积极提供法律援助。

各级工会、妇联等社会团体应当结合自身职责，为农民工提供法律援助服务。

第九章 法律责任

第五十三条 各级人民政府及所属行政部门工作人员违反本条例，有下列行为之一的，由本级或者上级人民政府有关行政部门或者监察机关给予处分；构成犯罪的，依法追究刑事责任：

（一）向农民工或者用人单位非法收取费用的；

（二）对侵害农民工合法权益的行为不依法处理的；

（三）侵害农民工人身权、财产权和劳动权的；

（四）贪污、截留或者挪用农民工就业培训专项资金、农民工工资保证金等资金的。

第五十四条 用人单位违反本条例规定，限制或者变相限制农民工依法参加工会的，由工会组织提请本级人民政府人力资源和社会保障行政部门责令限期改正；拒不改正的，由县级以上人民政府人力资源和社会保障行政部门依法处理，并将处理结果书面答复相关工会。

第五十五条 用人单位违反本条例规定，在招用农民工时收取或者变相收取抵押金、保证金以及其他不合理费用，扣押农民工居民身份证、居住证、驾驶证、资格证、毕业证等证件的，由县级以上人民政府人力资源和社会保障行政部门责令限期退还本人，并依照有关规定给予处罚。

第五十六条 用人单位将工资支付给不具备用工主体资格的组织或者个人，致使拖欠农民工工资的，应当承担连带清偿责任。

建设单位、建筑施工企业等单位违反本条例规定，将工程(业务)发包或者分包给不具备用工主体资格的组织或者个人，给农民工造成损害的，建设单位、建筑施工企业等单位与该组织或者个人承担连带赔偿责任。

第五十七条 用人单位违反本条例规定解除农民工劳动合同的，应当依法向农民工支付赔偿金。

农民工违法解除劳动合同或者违反劳动合同约定给用人单位造成损失的，应当依法给予赔偿。

第五十八条 劳务派遣单位未依法履行督促义务，用工单位不符合劳务派遣用工条件而使用劳务派遣工，用工期间因同工不同酬等歧视性规定给农民工造成损害的，劳务派遣单位与用工单位承担连带赔偿责任。

第五十九条 用人单位有下列情形之一的，由县级以上人民政府人力资源和社会保障行政部门责令限期支付农民工劳动报酬、经济补偿；逾期不支付的，责令用人单位按照应付金额百分之五十以上百分之一百以下的标准向农民工支付赔偿金：

（一）拒不支付农民工工资的；

（二）未足额支付农民工工资的；

（三）低于集体合同约定或者当地最低工资标准支付农民工工资的；

（四）解除或者终止劳动合同，未依照规定向农民工支付经济补偿的。

第六十条 建设单位和建筑施工企业未在开户银行开设专用账户或者未按规定预存工资保证金的，由县级以上人民政府住房和城乡建设行政部门责令限期改正。

第六十一条 建筑施工企业违反本条例规定，拖欠、未足额支付农民工工资的，由县级以上人民政府人力资源和社会保障行政部门责令限期支付；逾期拒不支付的，依法给予行政处罚。拒不支付农民工工资的，县级以上人民政府住房和城乡建设行政部门可以从农民工工资保证金中支付；情节严重的，由县级以上人民政府住房和城乡建设行政部门停止其投标资格、清出建筑市场；涉嫌构成拒不支付劳动报酬罪的，移送司法机关。

第六十二条 用人单位未向农民工提供符合国家标准或者行业标准的劳动防护用品和劳动防护设施的，由县级以上人民政府安全生产监督管理部门责令限期改正；逾期不改正的，责令停产停业整顿，可以并处五万元以下罚款。

用人单位未对从事接触职业病危害作业的农民工进行职业健康检查的，由县级以上人民政府安全生产监督管理部门责令限期改正，给予警告，可以并处五万元以上十万元以下罚款。

用人单位违反劳动安全生产规定造成农民工伤害事故的，由县级以上人民政府安全生产监督管理部门依法处罚。

用人单位未按时足额缴纳社会保险费的，依照《中华人民共和国社会保险法》的有关规定追究法律责任。

第六十三条 用人单位有下列行为之一的，依法给予行政处罚；构成犯罪的，依法追究刑事责任：

（一）以暴力、威胁或者非法限制人身自由的手段强迫农民工劳动的；

（二）侮辱、体罚、殴打、非法搜查和拘禁农民工的。

第六十四条 违反本条例规定，拒不招收农民工子女入学的，由县级以上人民政府教育行政部门责令限期改正；逾期不改正的，对有关单位负责人和直接责任人给予处分。

违反有关规定向农民工子女收取费用的，由县级以上人民政府监察、价格、教育等行政部门责令限期改正；逾期不改正的，对有关单位负责人和直接责任人给予处分。

第六十五条 房屋出租人将危房、违法建筑、超过许可期限的临时建筑出租给农民工居住的，由县级以上人民政府住房和城乡建设等行政部门依法处理；给农民工造成损害的，依法承担赔偿责任。

第十章　附　　则

第六十六条　本条例自2013年12月1日起施行。